Dionysius Areopagita

Die Engel-Hierarchie

Der Ursprung der christlichen Engel-Lehre

Crotona

DIONYSIUS
AREOPAGITA

DIE ENGEL HIERARCHIE

DER URSPRUNG DER CHRISTLICHEN ENGEL-LEHRE

Crotona

ISBN 978-3-86191-270-5

1. Auflage 2023
(Überarbeiteter Nachdruck der Ausgabe München 1955,
mit freundlicher Genehmigung des O.W. Barth Verlages)

Kammer 11 • D-83123 Amerang
www.crotona.de

Übersetzung: Prof. Dr. Walther Tritsch

Umschlaggestaltung: Annette Wagner
Druck: CPI Ebner & Spiegel • Ulm

INHALT

VORWORT

Dionysius Areopagita ist ohne Zweifel die geheimnisvollste Gestalt der frühen Christenheit. Für nahezu anderthalb Jahrtausende besaß er, als »Apostel-Schüler«, eine Autorität, die nahe an den biblischen Kanon heranreichte. Bis zum Ende des 19. Jahrhunderts hielt man ihn für den Dionysios, der in der Apostelgeschichte 17,33-34 erwähnt wird: »So ging Paulus aus ihrer Mitte hinweg. Einige aber schlossen sich ihm an und wurden gläubig; unter ihnen Dionysios, Mitglied des Areopags.«Als dann im 5. Jahrhundert die Schriften des »Dionysios Areopagites« auftauchten, glaubte man, auf die Werke eines wahrhaften Apostel-Schülers gestoßen zu sein. Dies führte dazu, dass der Ruf des Dionysius und sein Schrifttum eine überragende Autorität erlangten. Er wurde der Nationalheilige des Frankenreiches, und bis 1895 glaubte man, in Paris die Gebeine eines christlichen Heiligen der ersten Stunde zu verehren.

Im Jahre 1895 wiesen – seltsamerweise zeitgleich und unabhängig voneinander – die beiden Gelehrten Hugo Koch und Josef Stiglmayr nach, dass der Verfasser jener so einflussreichen Schriften in über siebenhundert Stellen aus dem Werk des neuplatonischen Philosophen Proklos geschöpft hatte. Damit war ein Mythos zerstört worden, aber keinesfalls eine Wirkungsgeschichte.

Die letzte große Studie über Dionysius, verfasst von Beate Regina Suchla, datiert nunmehr die Entstehung der Werke des (Pseudo-) Dionysius Areopagita auf eine Zeitspanne zwischen 476 und 518/528. Ob der auch heute noch immer weitgehend unbekannte Autor Proklos, der 485 starb, noch selbst gehört, wo er gelebt und gewirkt hat und wer er gewesen ist – wir wissen es nicht. Es gibt sogar ernstgemeinte Versuche, wie das 1385 Seiten starke Werk von Gerd-Klaus Kaltenbrunner, den Dionysius des 5./6. Jahrhunderts doch wieder mit einer Figur des 1. Jahrhunderts zu verschmelzen, um so seine Wirkmächtigkeit und Geistestiefe zu legitimieren. Aber bedarf es einer solchen Legitimation? Wirken die Gedanken des Dionysius Areopagita nicht aus sich heraus bis in die heutige Zeit?

DIE NEGATIVE THEOLOGIE

Kein anderer frühchristlicher Autor hat so die Unergründlichkeit, Verborgenheit (deus absconditus) und absolute Transzendenz Gottes betont wie Dionysius. Er wird nicht müde, immer wieder zu betonen, dass der Mensch eigentlich nur wissen könne, was Gott »nicht ist«, nicht aber, was er ist. Alles Seiende legt zwar Zeugnis für seine Erhabenheit, Schöpfungskraft und Allmacht ab, er selbst aber ist das »Überseiende«. Auch in seinem Werk über die »Engel-Hierarchie« macht Dionysius dies unmissverständlich deutlich: »Gott ist über jedes Wesen und über jegliches Leben erhaben; kein Licht gibt es, das Ihn kennzeichnen mag, kein Logos und kein Nous ist mit Ihm zu vergleichen, nichts Bestimmbares kann von weitem Seiner Unbestimmbarkeit ähneln.«

Diese radikale Entrückung Gottes von seiner Schöpfung brachte Dionysius den Ruf ein, der Begründer einer »Negativen Theologie« zu sein. Präziser müsste es allerdings heißen, dass seine Theologie weder »negativ« noch »positiv«, sondern eher »jenseits der Gegensätze« angesiedelt war. Für überzeugte Kabbalisten, die Gott, etwa im Begriff des »Ain Soph«, ähnlich transzendent definieren, oder für tiefsinnige Anhänger der indischen Spiritualität, die vom »eigenschaftslosen Gott« als »Nirguna Brahman« sprechen – ist Dionysius der kongeniale Dialogpartner. Jenseits eines trinitarischen Gottesbildes wird ein unendlicher Raum für echte mystische Begegnung frei; denn »Gott allein ist der Urgrund, der allumfassende Ursprung allen Seins und Nichtseins, darin Vollkommenheit und Überschwang, die Fülle von Allem und der Verzicht auf alles und die Jenseitigkeit selbst über alles umschlossen liegt. Kein Sein und Nichtsein kann Ihn treffen, und Ja und Nein erreichen Ihn nicht«.

Für Dionysius vollendet sich seine »Mystische Theologie« daher im Meditativen, in der Versenkung, in der Ekstase der »Unio Mystica«. Wie seine großen neuplatonische Vorbilder endet dieses Geschehen dann in dem Bekenntnis, dass man »dem Geheimnis Gottes allein durch Schweigen die Ehre geben könne«.

DIE ENGEL-HIERARCHIE

Die Bibel enthält zahllose Stellen, in denen vom wunderbaren Wirken der Engel die Rede ist. Von den mosaischen Schriften bis zu den Bekenntnissen der Apostel spannt sich ein Bogen, in dem immer wieder Zeugnis abgelegt wird, dass der Schöpfer des Himmels und der Erde Boten zu den Menschen sendet, die seinen Willen verkünden. Aber auch jenseits des biblischen Kanons, in den gnostischen Schriften oder in der mystischen Tradition des Judentums, kommt den Engeln eine überragende Bedeutung zu.

Obwohl es Unterschiede in der Rangordnung der Engel zu geben scheint, wird doch erst im Werk des

Dionysius eine »Hierarchie der Engel« thematisiert. Er versteht, ganz im Nachklang seiner »Theologie«, die Annäherung an den Göttlichen Urgrund als einen unendlichen Prozess. Von diesem sind auch die Engel nicht ausgeschlossen: »Hierachie ist nach meiner Auffassung eine heilige Rangordnung, eine Erkenntnis ihrer selbst und dadurch auch eine Wirksamkeit. Sie will so weit wie möglich zu einer Ähnlichkeit mit Gott führen und in entsprechendem Verhältnis andere zum Nachbild Gottes erheben, gemäß den von Gott gegebenen Erleuchtungen.«
Der Geistige Pfad, im Verständnis des Dionysius, ist daher von der Ambivalenz des Hingebens und Annehmens charakterisiert. Er gründet auf der jesuanischen Verheißung des: »Klopfet an, so wird euch aufgetan.« Der Mensch vermag sich nicht selbst zu erlösen oder zu erleuchten. Er ist jedoch aufgerufen, sich in die Stille zu begeben, das Schweigen zu erlernen und sich innerlich bereit zu machen, um in dieser inneren Versenkung jenes LICHT zu empfangen, das von den Engel aus dem Reich des ÜBERSEIENDEN hinabgetragen wird in die Welt der Menschen.

Dieses Wissen macht Dionysius Areopagita selbst zu einem göttlichen Boten für jeden suchenden Menschen im Hier und Jetzt!

Johannes Clausner

Kapitel I

DIONYSIUS AN TIMOTHEUS

1. PRÄAMBEL

Alle gute Gabe, jedes Geschenk, das Vollkommenheit in sich birgt, stammt von oben her, kommt vom Vater des Lichtes herab.[1]
Und jede aus ihm heraustretende Lichtausstrahlung führt uns auch wieder, sobald sie durch seine Güte erregt in uns eindringt, aufwärts: Sie ist eine uns zur Ganzheit umgestaltende Kraft. Sie vereinfacht und vervollkommnet uns, sie hebt uns wieder zur Einheit des Vaters zurück, zu seinem allverbindenden, allumfassenden göttlichen Eins- und Alles-Sein. Denn aus Ihm und zu Ihm kommen alle Dinge, wie die Heilige Schrift sagt.[2]

2. ANRUFUNG

Also lasst uns Jesus anrufen, das Licht des Vaters, das wirklich und wahrhaft für jeglichen Menschen leuchtet, sobald diese Welt ihn aufnimmt.[3] Denn Jesus hat uns den Zugang zum Vater geschenkt, dem Urquell des Lichtes. Lasst uns dann zu den vom Vater her[4] überlieferten, in den heiligsten Schriften enthaltenen Erleuchtungen uns wenden, nach unseren Kräften. Erschauen wir, so weit es uns möglich ist, die dort[5] auf sinnbildlichen und anagogischen Wegen uns angedeuteten heiligen Ordnungen der himmlischen Geister. Versuchen wir, mit den reinen Augen des Geistes, ohne zu zucken, das ursprüngliche Licht in uns aufzunehmen, das Licht, das der über alle Ursprünge erhabene urgöttliche Vater über uns gnädig ergießen mag; dann offenbaren sich uns die seligsten Hierarchien der Engel in bildlich geformten Zeichen. Anschließend blicken wir wieder zu ihrem ureinfachen Strahlenquell empor.[6] Dieser selbst verliert nie etwas von der ihm eigentümlichen einheitlichen Einfachheit,[7] auch wenn er sich zum Zwecke der anagogischen und einigenden Anpassung an die durch göttliche Vorsehung geleiteten Wesen vervielfältigt und (zu den endlichen Geschöpfen) heraustritt. Er bleibt vielmehr innerhalb seiner selbst immer fest, unerschütterlich in seiner nie bewegten allumfassenden Ganzheit, und zieht diejenigen, die nach Kräften zu ihm aufstreben, ihrer Natur entsprechend an sich heran. Vermöge seiner Wesenseinheit, die eine vereinfachende Kraft besitzt, gestaltet er auch in ihrer endlichen Vielfalt das Eine, das aus dem Unendlichen stammt.

Es ist nicht möglich, dass der urgöttliche Strahl unmittelbar in uns hineinleuchte, anders als durch die bunte Fülle heiliger Umhüllungen verdeckt. Doch diese sind nur in väterlicher Fürsorge unserer Fassungskraft naturgemäß angepasst und entsprechen stets einem höheren Sinn.

3. DIE ZWEI HIERARCHIEN

Darum hat auch die heilige Satzung, welche dem Urquell aller Weihen entstammt, unsere heiligste (kirchliche) Hierarchie gewürdigt, dass sie durch eine überweltliche Nachahmung die himmlische Hierarchie versinnbildliche.[8] Diese immaterielle Heilsordnung ist hier in materiellen Gestalten und zusammengesetzten Gebilden vielfältig dargestellt. Dadurch sollen wir, unserer eigenen Fassungskraft gemäß von den heiligen Gebilden angeleitet, allmählich durch inneres Entsprechen zu den einfachen urbildlichen und zuletzt bildlosen Wesenheiten erhoben werden. Wollte unser (durchaus endlicher) Geist sich nicht der ihm entsprechenden Führung anvertrauen, könnte er nie von materieller Ähnlichkeit bis zu jener immateriellen Nachahmung sich erheben, zur Schau ins Unendliche der himmlischen Heilsordnung.

So müssen wir die sichtbare Schönheit der Erscheinungen als bloße Abbilder der unsichtbaren Herrlichkeit studieren, die sinnlich wahrnehmbaren Wohlgerüche als Stellvertreter geistiger Ausstrahlung und die materiellen Lichter als Sinnbilder der immateriellen Licht-Ergießung betrachten. So müssen wir auch die auf Wegen des Verstandes vernommenen heiligen Lehrvorträge als Widerhall des geistigen Einklangs auffassen, eines Friedens, der nur durch reine Schau zu gewinnen ist, und die Rangstufen der irdischen (kirchlichen) Ordnung als Abglanz des harmonisch wohlgeordneten Verhältnisses zum Göttlichen begreifen. Zuletzt können wir die Teilnahme an der göttlichen Eucharistie als eine Darstellung der Gemeinschaft mit Jesus erkennen. Das Gleiche gilt von allen übrigen Dingen, welche den himmlischen Naturen in einer jenseitig wirklichen Weise, uns aber nur auf symbolische Art gewährt werden.

Allein wegen dieses nur uns entsprechenden Weges der Emporhebung zu Gott offenbart uns der menschenliebende Urquell allen Lebens auch die himmlische Hierarchie nicht anders als durch eine möglichst treue Nachbildung innerhalb unserer irdischen. Als Mitgenossin mit jenem gottähnlichen Priestertum geruht er diese in heiligem Dienst zu vollenden.[9] Das ist der Grund, weshalb uns mit heiligem Griffel die Umrisse des überhimmlischen Geistes in sinnlich fassbaren Bildern gezeichnet werden, und darum führt uns auch die Heilige Schrift[10] mittels sinnlicher Wahrnehmung zu geistiger Schau und von heilig umrissenen Sinnbildern immer näher zum einfachsten, höchsten Gipfel der himmlischen Hierarchie empor.

Kapitel II

VON UNÄHNLICHEN SINNBILDERN

1. DIE METHODE

Vor allem, so meine ich, ist genau zu klären, was uns als Ziel jeder Heilsordnung vorschwebt und welchen Nutzen eine solche ihren Eingeweihten bringen kann. Sodann obliegt es uns, die himmlischen Hierarchien nach ihrer eigenen Offenbarung in der Heiligen Schrift zu studieren. Hierauf ist anzugeben, in welche heiligen Gestalten die Beschreibungen der Heiligen Schrift diese himmlischen Ordnungen einkleiden und zu welcher Einfachheit man durch solche Bilder erhoben werden soll. Denn wir wollen nicht – gleich der ungebildeten Menge – der lästerlichen Auffassung verfallen, als wären himmlische und gottähnliche Wesen Gestalten mit vielen Füßen und allerhand Gesichtern, oder nach tierischen Vorbildern von Stieren oder nach Raubtierformen geschaffen, wie Löwen, oder nach dem Muster von Adlern mit krummen Schnäbeln oder wie Vögel mit buschigem Gefieder. Wir sollen uns nicht einbilden, gewisse feurige Räder liefen da über die Himmel und Throne wären aus irdischem Stoff und dienten der Urgottheit zum Zurücklehnen, oder es galoppierten da gar buntscheckige Pferde herum, mit Speere tragenden Kriegsherren auf ihren Rücken[11] und was sonst noch alles durch die Schrift uns überliefert sein mag, in heiliger Plastik und mit farbenreicher Fülle von bedeutungsvollen Sinnbildern.[12]

Freilich hat sich die Offenbarung dichterisch geheiligter Formengebilde bedient, um gestaltlose Geister vor uns erscheinen zu lassen, weil sie, wie gesagt, auf unser Erkenntnisvermögen Rücksicht nahm. Sie sorgte aber nur für eine uns entsprechende, unserer Natur gemäße Emporführung und passte die heiligen Darstellungen anagogisch unseren Fähigkeiten an.[13]

2. EINWÄNDE

Wie aber, wenn jemand zwar das Prinzip der heiligen figürlichen Darstellungen gelten ließe – denn erkennbar und sichtbar bleibt das an sich Einfache –, aber doch der Ansicht wäre, die bildlichen Beschreibungen, wie sie in der Heiligen Schrift enthalten sind, wären unpassend? Wenn ihm dieses ganze System der Engelnamen absonderlich vorkäme, abgeschmackt sozusagen, und wenn er meinte, die

Verfasser heilig inspirierter Schriften hätten lieber versuchen sollen, jene ganz körperlosen Wesen in entsprechenden und nach Möglichkeit artverwandten Formen nachzubilden, falls sie es wagen wollten, deren geistigen Widerschein durch körperhafte Darstellung festzuhalten? Sie hätten diese Formen aus den bei uns geehrtesten und auch unter uns sozusagen stofflosen und höher gestellten Wesenheiten wählen sollen, nicht aber, wie sie doch taten, höhere Wesen von himmlisch-gottähnlicher All-Einheit mit der naiven Gestaltenfülle umkleiden dürfen, die eben sonst nur auf Erden anzutreffen ist.

Das erstgenannte Verfahren könne immerhin eine uns stärker erhebende Kraft bewahren und würde Offenbarungen, die von außerhalb unserer Welt kommen, wenigstens nicht zu unpassenden Unähnlichkeiten herabziehen. Aber das andere Verfahren sündigte nicht nur frevelhaft an den göttlichen Mächten, es führte außerdem auch unseren Geist in die Irre und verführte ihn, sich unheiligen Bildern zuzuwenden.

Am Ende wird sich ein solcher auch zu der Meinung aufgefordert glauben, die überhimmlischen Sphären seien mit Löwen- und Pferdehaaren angefüllt, mit einem Hymnengesang von Rindergebrüll, mit Schwärmen von Vögeln und anderen Tieren und womöglich noch niedrigeren Wesen oder Sachen! Die heiligen Schriften zögen uns daher mit ihren so unähnlichen Vergleichen nur zu Unpassendem, Falschem, Sinnlichem herab, wo sie uns doch zur Aufklärung und Erhebung dienen sollen!

Gegen alle solche Einwände erweist die Untersuchung der Wahrheit, wie ich meine, nur die höhere Weisheit der heiligen Schrift. Diese trifft bei jeder Darstellung himmlischer Geister gute Fürsorge, dass wir weder gegen göttliche Mächte freveln mögen – wie jener Einwand zu befürchten vorgab –, noch dass wir uns sinnlich an Erdenstaub oder gar an die Niedrigkeit der Bilder heften. Denn dafür, dass mit Recht Bilder des Bildlosen entworfen, Gestalten vor das Gestaltlose gesetzt werden, für solche Behauptung muss man nicht die Ursache allein in den Verhältnissen unserer Natur suchen, die sich freilich nicht unmittelbar zu geistiger Anschauung des Unendlichen zu erheben vermag.

Nicht nur unser Bedürfnis nach geeigneter, unserer Natur angemessener geistiger Erhebung ist der Grund, nicht allein die notwendige Verschleierung der alles Natürliche übersteigenden Erkenntnis einer gestaltlosen Unendlichkeit durch fassbare Gebilde. Es besteht auch noch ein weiterer Anlass für ein solches Verfahren: Vielleicht ziemt der Heiligen Schrift am besten, sich manchmal auch in geheimnisvollen Rätselworten zu verbergen, damit für die große Menge gewisse verborgene und um so heiligere Wahrheiten über Geister unantastbar bleiben, die nicht aus unserer Welt sind. Nicht jeder ist der Heiligung würdig, und nicht für alle ist, wie die Schrift sagt, die Erkenntnis.[14]

Wenn also jemand die Bildersprache als unpassend beschuldigt und meint, man solle sich schämen, hässliche Gestaltungen des Vergänglichen unter die gottähnlichen Ordnungen des Himmels zu mischen, so genüge ihm die Antwort, dass es zwei Wege der Offenbarung gibt.

3. ARTEN DER BILDER

Der eine Weg führt, wie es sich schickt, über ähnliche heilig geformte Bilder, der andere durch unähnliche Gestaltungen hindurch, und diese sind in einer Weise geformt, dass sie uns absichtlich zunächst unziemend und unpassend erscheinen könnten.

Die mystischen Überlieferungen der Offenbarungsschriften bezeichnen die verehrungswürdige Seligkeit der überwesentlichen Urgottheit einmal als Logos, dann als Nous und als Ousia (Wort, Geist, Wesenheit), um die göttliche Vernunft, die göttliche Weisheit und die wahrhaft seiende Existenz Gottes anzudeuten – als wirkliche Ursache von allem, was ist. Auch als Licht wird die Urgottheit dargestellt oder als Leben benannt. Das sind heilig sinnbildliche Bezeichnungen, welche ehrwürdig sind und aller stofflichen Gestaltung gewissermaßen entrückt zu sein scheinen. Trotzdem lassen uns auch sie jede wirkliche Ähnlichkeit mit der Urgottheit vermissen, denn Gott ist über jedes Wesen und über jegliches Leben erhaben. Kein Licht gibt es, das Ihn kennzeichnen mag, kein Logos und kein Nous ist mit Ihm zu vergleichen, nichts Bestimmbares kann von weitem Seiner Unbestimmbarkeit ähneln.

An anderen Stellen derselben Schriften wird die Urgottheit auch mit Attributen der Verneinung überweltlich gepriesen, indem sie dieselbe als das Unsichtbare, Unermessliche, Unbegrenzte bezeichnen und gerade das hervorheben, woraus gar nicht hervorgeht, was sie ist, sondern nur, was sie nicht ist.[15] Ihr gegenüber ist uns das vielleicht auch eher angemessen; denn wie die geheime Überlieferung der Priester uns belehrt, können wir eher sagen, dass die Gottheit (die alles geschaffen hat), in Wahrheit nicht nach Art irgendeines geschaffenen Dinges existiere. Ihre unerkennbare und unaussprechliche Unendlichkeit können wir nicht fassen, nicht kennen – sie ist nicht von unserer Welt. Wenn also die absprechenden (also Grenzen aufhebenden) Aussagen in Bezug auf das Göttliche wahr, die zusprechenden (also begrenzenden) Aussagen aber notwendig falsch sind, so scheint die Offenbarung vermittels unähnlicher Bilder dem Dunkel unaussprechlicher Dinge doch vielleicht im Gebiet des Unfassbaren näherzukommen.[16] Die Beschreibungen der heiligen Schriften erweisen demnach den himmlischen Ordnungen nur Ehre und erweisen ihnen keine Schmach, wenn sie dieselben durch unähnliche Gestaltungen zu verdeutlichen suchen, da es ähnliche nicht geben kann. Eben dadurch deuten sie ihr Wesen als überweltlich an und zeigen uns, dass es allem Stofflichen unerreichbar bleibt.

Überdies scheint mir gerade der Stachel unpassender Vergleiche unseren Geist stärker emporzuheben. Das wird kein Verständiger in Abrede stellen. Gerade bei den edleren Bildern könnte so mancher abirren und sich mit ihnen zufriedengeben, als seien die himmlischen Wesen sozusagen goldartige Männer, funkelnde Lichtgestalten von herrlicher Schönheit, in schimmernde Gewänder gekleidet, feurig blitzend, ohne zu verbrennen, oder irgendwelche ähnlich gebildete Figuren, in welche sonst noch die Heilige Schrift himmlische Geister äußerlich gezeichnet haben mag. Um vor solchen Fehlern auch jene tunlichst zu bewahren, die sich nichts Höheres zu denken vermögen als die äußere Schönheit der Erscheinung, hat die uns stets nach dem Höchsten führende Weisheit der heiligen Verfasser sich herabgelassen, in den offenbarenden Schriften auch ganz unähnliche, ja unpassende Vergleiche für das Heilige zu wählen. Sie duldet also nicht, dass der sinnliche Teil in uns an ihnen haften bleibe und in ihnen Ruhe finden könne. Sie regt das Höhere der Seele an und stachelt sie durch die Missgestalt der entworfenen Bilder auf. Auch ganz fleischlichen Menschen kann es nicht zulässig und wahr scheinen, dass diese so unzulänglich zusammengesetzten Symbole den überhimmlischen und göttlichen Zielen unserer Erkenntnisversuche in Wirklichkeit ähnlich zu sein vermöchten. Auch sollte man den Umstand nicht vergessen, dass nichts vom wahrhaft Seienden ganz der Teilhabe am Guten beraubt sein kann, da ja – wie die Schrift sagt – »alles überaus gut ist«.[17]

4. DER WEG VON MATERIELLER ZU GEISTIGER ANSCHAUUNG

Edle Anschauungen kann man also aus allem ersinnen und sowohl für die hohen als auch für die höchsten Geister dennoch irgendwie anleitende Ähnlichkeiten selbst aus den erwähnten sogenannten unähnlichen Bildern gewinnen. Freilich, die geistigen Wesen besitzen in sehr anderer Weise, was den sinnlich Wahrnehmbaren – ganz verschieden von ihnen – da zugeschrieben wird.

Der *Zornesmut* (*thymos*) der Vernunftlosen z. B. liegt in der Natur der Tiere; deren leidenschaftliche Triebe erregen in ihnen Bewegungen, die voller Unvernunft sind. Gerade umgekehrt ist es bei geistbegabten Wesen. Da muss man die Eigenschaft des Zornes auf andere Weise verstehen. Da bezeichnet sie, wie ich meine, eben ihre männlich entschiedene Verständigkeit und ihre unerschütterliche Haltung in gottgewolltem unveränderlichem Schicksal.

Von der *Begierde* sagen wir, sie sei bei Vernunftlosen eine aller Umsicht bare materielle Regung, die aus angeborenem Trieb oder aus Gewöhnung im Wechsel der veränderlichen Dinge unbezwinglich jedem Tier innewohnt. Die Begierde ist hier also die vernunftlose Übermacht des körperlichen Verlangens, welche das ganze Lebewesen zu dem sinnlich begehrten Gut hemmungslos hinstößt. Wenn wir aber geistig erkennenden Wesen solche unähnliche Ähnlichkeiten beilegen und ihnen Begierden zuschreiben, die nicht zu bändigen wären, so müssen wir dabei an die göttliche Liebe zum Geistigen denken, die über jedes Denken und Verstehen erhaben ist, und an die unbeugsame, nie erschlaffende Sehnsucht nach leidenschaftlicher Schau. Deren lauteres Ziel bleibt immer die wahrhaft ewige und rein geistige Gemeinschaft mit Wesen von höchster Klarheit und von unbeirrbar verklärender Schönheit – und wird es immer bleiben.

Die Unbändigkeit sollten wir (auch nicht als Schwäche, etwa wie bei Tieren, sondern lieber) als eine unverrückbare Kraft verstehen, als das Unentwegte (der Engelnaturen)[18], die durch nichts gebrochen werden kann, weil ihre Liebe zur göttlichen Schönheit ungetrübt und unerschütterlich ist. Sie bleibt ganz und gar nur dem Allerbegehrenswertesten stets zugewandt.

Aber sogar die Vernunftlosigkeit und den Mangel an Empfindung nennen wir nur bei vernunftlosen Tieren oder leblosen Körpern zutreffend eine Abwesenheit des Bewusstseins und des Fühlens, dagegen bei den immateriellen, geistigen Wesen erkennen wir ehrfürchtig die ihnen stets zukommende Erhabenheit über unser teilendes und von der Materie abhängiges Denkvermögen, und vollends über unser körperliches, den körperlosen Geistern fremdes Fühlen, denn diese sind nicht von unserer Welt.

Man kann also auch aus den niedrigsten Bestandteilen irdischer Materie Gestalten formen, welche als

Sinnbilder himmlischer Wesen nicht ganz unpassend sind; denn auch die Materie empfängt ihr Dasein vom wahrhaft Schönen. Durch alle Reiche der Stoffwelt hindurchscheinend klingt auch in ihr ein Nachhall der obersten geistigen Vollkommenheit.[19] Mit Hilfe solcher Bilder vermag man sich auch zu immateriellen Urbildern zu erheben – vorausgesetzt, dass man Ähnlichkeiten nicht im irdischen Sinn für ähnlich halte und dieselben niemals in derselben Weise hier und dort, sondern stets im entsprechenden Einklang, dort oben mit geistigen, auf Erden mit sinnlichen Eigenschaften verstehe.

5. Beispiele

Wir werden bald finden, dass die mystischen Verfasser inspirierter Schriften nicht bloß Offenbarungen über die himmlischen Chöre symbolisch in solche sinnlichen Bilder einkleiden, sondern bisweilen sogar auch Mitteilungen über die Urgottheit selbst. Bei deren Schilderung preisen sie manchmal glänzende äußere Erscheinungen. So sprechen sie von der Sonne der Gerechtigkeit,[20] vom Morgenstern, der heilig im Geist aufsteigt,[21] vom Licht, das unverhüllt aus dem Geist herniederstrahlt.[22] Manchmal wählen sie auch Gegenstände der mittleren Art von wahrnehmbaren Gegenständen, so wenn sie von der Urgottheit reden, als wäre diese ein Feuer, das leuchtet, ohne zu brennen,[23] oder ein Wasser, das alle Fülle des Lebens spendet und – um es sinnbildlich zu sagen – in den Leib eintritt, um dort die unerschöpflich fortquellenden Ströme des Lebens zu speisen.[24] Manchmal nehmen sie aber auch die allerniedrigsten Dinge zum Ausgangspunkt, wie eine wohlriechende Salbe[25] oder gar einen Eckstein.[26] Sogar Tiergestalten sprechen sie ihr zu, geben ihnen die Eigenschaften des Löwen[27] oder des Panthers,[28] und sie werde sogar wie ein Pardel[29] oder wie eine ihrer Jungen beraubte Bärin sein.[30] Auch was mir das Niedrigste von allem erscheint, will ich hier noch gleich hinzufügen. In göttlichen Dingen bewanderte Männer haben sich nicht gescheut, uns von der Gottheit zu überliefern, dass sie sich selbst die Gestalt eines Wurmes beilege.[31]

Aber alle Gotteskundigen Ausleger der geheimsten Offenbarungen haben auf diese Weise nur das Heiligste des Heiligen unberührbar für alle Uneingeweihten gemacht, unerreichbar den Unheiligen. Darum halten sie auch jene abweichende Gestaltumkleidung des Heiligen sehr hoch, denn weder darf das Göttliche leicht für die Hände der Profanen berührbar werden noch sollen die eifrigen Beschauer der heiligen Bilder bei solchen Mustern verweilen können, als ob sie in sich der Wahrheit schon genügten. Eine weitere Absicht liegt darin, uns anzuregen, damit wir das Göttliche durch negative Aussagen ehren und durch die unähnlichsten Annäherungen, die sogar bis an die äußerste Grenze des entsprechenden

Nachhalls vorzustoßen vermöchten. So ist es also nicht ungereimt, wenn die heiligen Schriften auch für himmlische Wesen aus den grellsten Widersprüchen ihre Vergleiche holen und bildliche Züge wählen, die uns zum Denken anstoßen sollen.

Ich gestehe, auch ich hätte mich vielleicht nicht, vom Zweifel aufgerüttelt, an die Erforschung des Wesentlichen herangedrängt und wäre nicht durch genaue Untersuchung der gestellten heiligen Probleme bis zum höheren Sinn vorgedrungen, hätte mich nicht das Abstoßende der biblischen Offenbarungen über die Engel so tief aufgeschreckt.[32] Mein Geist fand nicht die Ruhe, es bei so disharmonischen Bildern bewenden zu lassen. Ich fühlte mich gereizt, die materiellen Anklänge in Abrede zu stellen – und so lernte ich langsam, vermittels äußerer Erscheinungen, mich näher an die überweltlichen heiligen Höhen demütig emporheben zu lassen.[33]

Dies ist es, was ich über die materiellen und scheinbar unpassenden Darstellungen, in welche die Heilige Schrift öfters Engelgestalten einzukleiden liebt, hier meiner Untersuchung vorausgeschickt wissen wollte.

Es erübrigt sich nur noch zu bestimmen, was wir als das Wesen einer Hierarchie verstehen und welchen Nutzen diejenigen aus ihr gewinnen können, denen es vergönnt ist, teilzuhaben an ihrer Ordnung. Den Gang der Abhandlung möge Christus leiten – wenn mir dies zu sagen ziemt –, mein Christus, dem die Erkenntnis aller offenbarten Hierarchie zu danken ist.

Du aber, mein Sohn, höre mit heiliger Scheu, gemäß den geheiligten Gesetzen unserer hierarchischen Überlieferung, dem inspirierten Vortrag aufmerksam zu. Lasse durch die Einweihung in göttliche Dinge auch Dich selbst von Gott erfüllen, bewahre das Heilige vor der unheiligen Menge, in der Verborgenheit des Geistes, da es ja ein- und allgestaltig ist. Wie schon die Schrift sagt – es ist nicht erlaubt, den ungetrübten Zauberglanz geistiger Perlen vor die Säue zu werfen.[34]

Kapitel III

DAS WESEN DER HIERARCHIE

1. VERSUCH EINER DEFINITION

Hierarchie ist nach meiner Auffassung eine heilige Rangordnung, eine Erkenntnis ihrer selbst und dadurch auch eine Wirksamkeit. Sie will so weit wie möglich zu einer Ähnlichkeit mit Gott führen und in entsprechendem Verhältnis andere zum Nachbild Gottes erheben, gemäß den von Gott gegebenen Erleuchtungen. Allerdings ist die Gott eigene Schönheit jedem ihr Unähnlichen unnahbar entrückt, gerade sofern sie einfach ist, gut ist und Urquell aller Vollendung bleibt. Sie will aber trotzdem jeden nach seiner Würdigkeit an ihrem eigenen Licht teilhaben lassen und durch göttliche Weihe zu der ihm möglichen Vollkommenheit führen. Harmonisch gestaltet sie ihre Jünger nach ihrem eigenen Bild.

2. ZWECK DER HIERARCHIE

So ist das mögliche Ähnlich- und Einswerden mit Gott also der Zweck der Hierarchie, und hierbei ist Gott selbst ihr unmittelbarer Lehrmeister. In jedem heiligen Wissen und Wirken blickt sie unverwandt zu Seiner göttlichsten Schönheit empor, immer gibt sie möglichst nur Sein Wesen im Nachbild wieder, vervollkommnet sie ihre Eingeweihten[35] zu lautersten, fleckenlosen Spiegeln, die den urgöttlichen Strahl in sich so aufnehmen, wie er aus der heiligsten Quelle des Lichtes kommt. Von solchem Glanz erfüllt und geheiligt, lassen ihn diese Spiegel dann freudig über die nächstfolgenden Ordnungen leuchten, wie es den urgöttlichen Satzungen entspricht. Es ist ja weder den Trägern der heiligen Weihegewalt noch den Empfängern solcher Weihen gestattet, irgendetwas zu wirken, was nicht den heiligen Anordnungen des Urhebers ihrer eigenen Weihe entspräche. Sie dürfen in keinem Widerspruch zu Ihm stehen, wenn sie Seinen vergöttlichenden Glanz begehren, mit geziemender Reinheit auf Ihn blicken und dem Rang gemäß, den jeder dieser geheiligten Geister einnimmt, nach ihm sich umgestalten.

Wer demnach den Ausdruck *Hierarchie* gebraucht, bekundet damit das Vorhandensein einer *heiligen Ordnung*, die ein Abbild der urgöttlichen Schönheit darstellt. In hierarchischen Abstufungen des Wissens und Wirkens wird das Mysterium weitergegeben, in stetem Abglanz der Verähnlichung mit dem Urbild, soweit jeder dieser Spiegel nur immer das Licht weiterzugeben vermag.

Für jedes Glied der Hierarchie kann also die Vollendung nur darin bestehen, dass es zu einem solchen Spiegel Gottes erhoben werde, dem ihm verliehenen Rang gemäß, ja *dass es wahrhaftig, was noch göttlicher ist als alles andere Vergöttlichende, wie die Schrift sagt, zu einem Mitwirkenden mit Gott werde.*[36] So muss jedes Glied der Hierarchie in sich selbst ein göttliches Wirken vorleben und es auch nach außen hervortreten lassen. Weiterhin bedingt die Rangordnung der Hierarchie, dass die einen gereinigt werden, die anderen reinigen, dass die einen erleuchtet werden, die anderen erleuchten, und dass die einen vollendet werden und die anderen vollenden.[37]

Wie jedem Glied das Nachbild Gottes gemäß diesem Gesetz entsprechen wird, so wird es auch zur Teilnahme an Gottes Werk nach diesem Maß erhoben werden. Frei ist die göttliche Seligkeit, um mit Menschenworten zu sprechen, unzugänglich jeder Vermischung mit irgendeinem fremden Element, selbststrahlend in ewigem Licht, in sich vollkommen. Sie bedarf keiner anderen Kraft, außer ihrer eigenen, sie reinigt und erleuchtet und vollendet alles, besser gesagt, sie selbst ist zugleich heilige Reinigung, Erleuchtung und Vollendung, erhaben über alle Reinheit und über alles Licht – sie ist die von Anbeginn seiende, wirkende, vollkommene Urquelle aller Vollkommenheit selbst, ohne Maß hinausgerückt über alles Heilige, die allererste Ursache jeglicher Hierarchie.

3. DAS WIRKEN DER HIERARCHIE

Diejenigen, die gereinigt werden sollen – so denke ich, müssen sich zu ihrer lautersten Darstellung führen lassen, sich frei machen lassen von jeder fremdartigen Beimischung. *Diejenigen, die erleuchtet werden sollen*, müssen sich mit dem göttlichen Licht erfüllen lassen, aufgeführt zum Zustand des Schauens und zur Kraft des Sehens durch die ganz und gar heiligen Augen des Geistes. *Diejenigen, die vollendet werden sollen*, müssen sich aus dem Zustand der Unvollkommenheit herausheben lassen, damit sie am vollendenden Wissen der geschauten heiligen Geheimnisse wirklich teilnehmen können.

Diejenigen, welche Reinigung zu erwirken vermögen, müssen in der Fülle ihrer erreichten Makellosigkeit anderen von ihrer Reinheit mitteilen. *Diejenigen, welche zu erleuchten vermögen*, müssen als helle, durchleuchtete Geister das Licht, das ihr ganzes Wesen überströmt, auf die des Lichtes Würdigen überleiten – da sie doch selbst zur Aufnahme und Weiterleitung des Lichtes ihrer Natur nach geeignet und selbst schon mit heiligem Glanz glückselig erfüllt sind. *Diejenigen* endlich, *welche Vollendung zu erzeugen vermögen*, müssen jene Glieder, die vollendet werden sollen, durch heilige Einweihung in die Erkenntnis geschauter heiliger Geheimnisse zur Vollkommenheit fördern – da sie doch selbst die Fähigkeit des vollendeten Mitteilens besitzen.

So werden die Glieder jeder Reihe der hierarchischen Ordnung dem ihnen entsprechenden Rang gemäß[38] zur Mitwirkung mit Gott erhoben. Sie vollenden das, was der Urgottheit ihrem Wesen nach in einer unserer Menschennatur weit überragenden Weise innewohnt. Das, was von der Urgottheit stets überwesentlich bewirkt wird, das, was von Ihr in den Einrichtungen der Hierarchie auch äußerlich kundgetan wird – Sie vollendet es zum Zweck möglichst getreuer Nachahmung gottliebender Geister durch Gnade und gottverliehene Kraft.

Kapitel IV

VON ENGELN ÜBERHAUPT

1. DIE HIERARCHIE DER ENGEL

Nachdem wir das Wesen der Hierarchie überhaupt, wie ich denke, richtig bestimmt haben, müssen wir uns nun besonders der Hierarchie der Engel zuwenden. Zu diesem Zweck wollen wir zunächst die heiligen, bildlichen Darstellungen, welche sich von ihnen in der Heiligen Schrift finden, mit Augen betrachten, die nicht am Diesseits haften bleiben; denn wir wollen uns durch solche symbolischen Beschreibungen zur gottähnlichen Einfachheit jener Gestalten emporführen lassen. Wir wollen den Urquell aller hierarchischen Erkenntnis in Ehrfurcht feiern, wie es uns vor Gott geziemt, und dem Urheber aller Weihe und gnädigen Spender jeder Vollendung unseren Dank entgegenbringen.

Vor allem zuerst ist hier die Wahrheit zu sagen, dass die überwesentliche Urgottheit allen Wesen des

Universums aus Güte Bestand gegeben und sie ins Dasein gerufen hat.[39] Es ist der Allursache und der über alles erhabenen Güte eigen, dass sie die Dinge zur Gemeinschaft mit sich selbst rufe, so wie es jedem Wesen nach seinen geschaffenen Eigentümlichkeiten bestimmt ist. Alles Geschaffene aber erfreut sich der Vorsehung, welche von der überwesentlichen und allverursachenden Gottheit ausgeht; denn kein Ding wäre, wenn es nicht am Wesen und Urprinzip alles Seienden überhaupt Anteil erlangt hätte. Die leblosen Dinge nehmen durch ihr Sein an Ihm teil, denn die über alles Dasein erhabene Gottheit ist das Sein aller Dinge. Die belebten nehmen durch ihre Wirklichkeit teil an Seiner über alles Leben erhabenen, Leben schaffenden Kraft. Die vernünftigen und geistbegabten Wesen nehmen durch ihr Denken teil an Seiner über allen Verstand und Geist erhabenen urvollkommenen und vorvollkommenen Weisheit. So wird es klar, dass jene von allen Wesen der Gottheit zunächst sind, welche auf vielfältigere Art einen Anteil an Ihm erhalten haben.[40]

2. DAS WESEN DER ENGEL

In höherem Maße als die nur leblos seienden Dinge, mehr als die nur vernunftlos sich darlebenden Wesen und auch mehr als die nur mit menschlicher Vernunft begabten Vertreter unseres Geschlechtes haben die heiligen Chöre des Himmels Anteil an der urgöttlichen Allgegenwart. Sie verwandeln sich in rein geistiger Art zu Nachbildern Gottes, sie schauen das urgöttliche Vorbild mit überirdischen Augen, sie begehren mit ihrer reineren Wesenheit, Ihm unmittelbarer als Spiegel Seines göttlichen Willens zu dienen. Die natürliche Folge davon ist, dass sie eine reichere Gemeinschaft mit der Gottheit genießen; zumal sie beharrlich und stetig nach der Höhe sich richten, immerdar nach oben gewandt, soweit dies möglich ist. Durch die Spannkraft der göttlichen unwandelbaren Liebe sind sie erhoben, sie können die Erleuchtungen der Urquelle ungetrübt in sich aufnehmen, sich anders als in nur irdischer Art nach ihr richten – und so besitzen sie das ganze Leben unbeschwert, als Geist.

Diese Wesen sind es, die an erster Stelle zur Teilnahme am Göttlichen gelangen, unmittelbar vielfältig, und so verkünden uns auch sie zuerst unmittelbar und vielfältig das uns Verborgene der Urgottheit selbst. Darum sind sie auch mit dem Namen »Engel« – *Angelos*, Verkünder – ausgezeichnet. In sie zuerst strahlt die urgöttliche Erleuchtung unmittelbar ein, durch sie werden uns dann die sonst unsere Erkenntnis überragenden Offenbarungen vermittelt.[41]

So ist uns das Gesetz, wie die Heilige Schrift erzählt, durch Engel überbracht worden.[42] Engel waren es auch, die unsere großen Väter zum Göttlichen emporführten, vor Offenbarung des Gesetzes und auch nach derselben.[43] Sie lehrten sie, was im Augenblick zu tun war, sie führten sie aus Irrtum und unheiligem Leben hinaus auf den geraden Weg der Wahrheit.[44]

Sie zeigten die heilige Ordnung, deuteten geheime Gesichte aus überweltlichen Mysterien. Sie sind es auch, die uns in der Art von Sehern göttliche Vorhersagen ankündigen.

3. ZWEI RANGORDNUNGEN DER ENGEL

Wer hier entgegnen wollte, manche heiligen Männer wären doch auch unmittelbar einer Erscheinung Gottes gewürdigt worden, der möge es in der Heiligen Schrift nachlesen: Niemand hat je das für Menschen unsichtbare Antlitz des ewigen Gottes geschaut[45], und niemand wird es je schauen können. Es verhält sich damit so, dass jenen heiligen Männern allerdings Erscheinungen Gottes gewährt worden sind[46], aber nur durch die Vermittlung von Visionen, die dem Sehvermögen der Schauenden gemäß waren. Also im Gewande jener heiligen Offenbarungen, die allein Gottes Würde entsprechen. Die sehr weise Gotteswissenschaft[47] nennt solche Visionen, welche die göttlichen Züge in ein Bild kleiden, »Gotteserscheinungen«, nämlich insofern Gestaltloses überhaupt mittels eines Gestalteten wiederzugeben ist, also Theophanien.[48] Und zwar mit Recht, wegen des Aufschwunges der Schauenden zum Göttlichen, und weil dadurch den Schauenden eine göttliche Erleuchtung eingestrahlt wird. In einiges Göttliche werden sie tatsächlich dadurch auf heilige Weise eingeweiht.

So wurden solche göttlichen Visionen unseren großen Vorvätern zuteil, eben durch das Dazwischentreten der himmlischen Mächte.

Sagt uns nicht die Überlieferung der Heiligen Schrift, dass Gottes heilige Gesetze auf eben diesem Wege von Gott selbst an Moses weitergegeben worden sind?[49] Wahrheitsgetreu unterrichtet sie uns dadurch, wie jenes Gesetz in geheimnisvoller Weise zu uns gekommen sei, als Niederschlag des heiligen göttlichen Willens. Auch dies lehrt dieselbe Stelle der Heiligen Schrift, dass jenes Gesetz vom Sinai *durch Engel* zu uns gekommen sei.[50] Zufolge der durch göttliches Gebot festbestimmten Himmelsordnung werden die Glieder des zweiten Ranges – so können wir daraus entnehmen – durch die des ersten zum Göttlichen emporgeführt.[51] Nicht nur den höherstehenden und tieferstehenden Geistern ist diese Satzung durch den überwesentlichen Urgrund aller Rangordnungen auferlegt worden, sondern auch den gleichstufigen. In jeder Hierarchie gibt es erste, mittlere und letzte Gliederreihen der Mächte und Kraftträger, und die Gott näheren, Geweihten haben den Geringeren als Führer zu dienen. Sie eröffnen ihnen das Geheime und sie leiten sie zur Erleuchtung und Gemeinschaft Gottes.

4. WEITERE BEISPIELE

Ich sehe, dass Engel auch die Ersten waren, denen das göttliche Geheimnis der Menschenwerdung Jesu anvertraut wurde, und durch sie kam dann die Gnade dieser Erkenntnis auch auf uns. Es war der Erzengel Gabriel, der dem Priester Zacharias[52] das Geheimnis verkündete, der Sohn, der ihm über menschliches Verhoffen durch Gottes Gnade geboren würde, sei ausersehen, ein Prophet der menschlichen Gottwirksamkeit Jesu zu werden, deren gütiges Erscheinen zum Heil der Welt nun bevorstehe. Derselbe Gabriel war es, der zu Maria eilte, ihr anzuzeigen, dass in ihr das urgöttliche Geheimnis *unaussprechlicher Gottbildung* sich vollziehen werde.[53] Ein anderer Engel unterrichtete Joseph, die Versprechung, welche einst auf göttlichen Wegen seinem Ahnherrn David gegeben worden war, sei nun in Wahrheit erfüllt.[54] Noch ein anderer brachte die frohe Botschaft zu den Hirten, die durch Absonderung von der Menge und durch ihre Einfachheit reineren Herzens waren, und alsbald ließ eine ganze himmlische Heerschar die Menschen auf Erden jenen viel gepriesenen Lobgesang vernehmen.[55]

Wir wollen jetzt auch zu den höchsten Erleuchtungen der Schrift emporblicken. Da sehe ich, dass sogar Jesus selbst, überwesentliche Ursache der überhimmlischen Wesen, Er, der ohne irgendeine Minderung zu erleiden herab in unsere Natur eingegangen war, nicht von der schönen, nunmehr seinem Menschtum geziemenden Ordnung abwich und gehorsam allen ihm durch Engel überbrachten Weisungen seines Vaters und Gottes sich unterwarf, so wie es von Ihm selbst erwählt und bestimmt worden war. Durch Vermittlung von Engeln wird Joseph mit der Anordnung des Vaters bekanntgemacht, er habe mit seinem Sohn nach Ägypten zu fliehen, durch ihre Vermittlung wird ihm dann die Rückkehr nach Judäa befohlen.[56] Engel sind es auch, durch die ich Jesus sich den Befehlen seines Vaters unterordnen sehe … aber ich unterlasse es, zu Dir, der Du alle in unseren priesterlichen Schriften enthaltenen Überlieferungen kennst, auch noch von jenem Engel zu sprechen, der Jesus stärkte,[57] oder Dich daran zu erinnern, dass Jesus zufolge des Retteramtes, das er für uns angetreten hatte, alsbald selbst in die Reihe der Offenbarenden gezählt und Engel und Bote des großen Ratschlusses genannt worden ist.[58] Mit Worten, die auf einen Engel passen, hat Er uns zuletzt selbst von sich gesagt, Er verkünde uns die Botschaft, die Er von seinem Vater gehört habe.[59]

Kapitel V

WAS IHRE ORDNUNGEN ZUSAMMENHÄLT

Letzteres mag auch nach unserer Auffassung der Grund sein, warum die Heilige Schrift den Namen *Engel* gebraucht. Ich denke, wir müssen jetzt noch untersuchen, weshalb die inspirierten Schriftsteller zwar alle himmlischen Wesen insgesamt *Engel* nennen, andererseits aber, wenn sie beginnen, uns deren Ordnungen zu beschreiben und uns von Reichen erzählen, die jenseits von unserer Welt sind, dann bezeichnen sie mit dem besonderen Namen *Engel* alsbald nur jene Abteilungen dieser Wesen, welche die göttlichen und himmlischen Reihen[60] auf der untersten Stufe abschließend vollenden. Dagegen werden als Wesen einer ihnen überlegenen Art die Erzengel, Fürsten der Geister, Gewalten, Mächte und alle Ordnungen hervorgehoben, denen die Überlieferung der Heiligen Schrift einen höheren

Rang zuerkennt. Wir wollen hervorheben, dass in jeder heiligen Ordnung überhaupt die höheren Reihen auch die Erleuchtung und die Kraft der niedrigeren besitzen, dagegen nicht umgekehrt: Die Glieder auf den unteren Stufen können nicht an allen Erleuchtungen der Oberen teilhaben. Folgerichtig nennen die Verfasser der Offenbarungsschriften auch die auf heiligsten höchsten Rangstufen gestellten Wesen ebenfalls Engel, weil auch sie alle die Erleuchtung durch den urgöttlichen Lichtstrahl weitergeben. Aber die letzte, unterste Reihe in der Kette himmlischer Geister etwa Fürsten, Throne oder Seraphim zu nennen, wäre wohl widersinnig, denn die Unteren haben keinen Anteil an den höheren Kräften derer, denen sie nicht gleichgestellt sind.

So wie sie mittels der von ihnen weitergegebenen göttlichen Kräfte auch noch unsere irdischen Hierarchien näher an das Licht der Urgottheit heran- und emporheben,[61] – soweit das Licht der Thearchie überhaupt zugänglich gemacht werden kann –, so werden sie selbst aus den unteren Riegen der abschließenden Himmel durch die höheren Fähigkeiten der ihnen heilig übergeordneten Mächte näher zu Gott emporgehoben.

Es sei denn, dass man es so auffassen wollte, als ob die Bezeichnung *Engel* deshalb allen himmlischen Wesen gemeinsam sei, weil ihnen allen schließlich, eben als himmlischen Mächten, an der Gottähnlichkeit ein stärkerer oder schwächerer Anteil durch jene aus Gott strömende Lichtfülle gegeben ist.

Damit aber unsere Abhandlung in deutlich unterschiedene Abschnitte eingeteilt werden kann, lasst uns mit heiliger Ehrfurcht die Heilseigenschaften jeder einzelnen himmlischen Ordnung einzeln betrachten, so wie sie uns alle durch die Heilige Schrift offenbart worden sind.

KAPITEL VI

DIE GLIEDERUNG DER HIMMLISCHEN HIERARCHIE

1. DIE DREI REIHEN DER HIMMLISCHEN WESEN

Wie viele Ordnungen der himmlischen Wesen es geben mag, wie sie beschaffen sein mögen und wie ihre Hierarchien sich vollenden – das weiß wohl allein deren heilig göttlicher Urgrund.[62] Auch sie selbst, die Engel, mögen ihre eigenen Kräfte und Erleuchtungen ermessen können und ihre heilige und überweltliche Ordnung überschauen, da sie in höchster Vollkommenheit abgewogen ist. Wie sollten wir die Geheimnisse der überirdischen Geister kennen, ihre heiligen Weihen und Vollkommenheiten, außer insoweit, als eben die Urgottheit auch uns einzuweihen geruht, durch ihre Engel selbst, die ja mit ihrer ihnen eigentümlichen Welt wohl vertraut sein mögen. Darum wollen wir nichts aus unserem eigenen Antrieb vorbringen. Was aber die Verfasser der heiligen Schriften von den Engeln in Bildern erschaut und durch Glauben erkannt haben, das wollen wir hier, geheimnisvoll durch jene erleuchtet, nach besten Kräften auseinandersetzen.[63]

2. DIE NEUN NAMEN

Die himmlischen Wesen hat die Heilige Schrift mit insgesamt neun Namen benannt – Namen, die über sie Aufschluss geben.[64] Der heilige Mystagoge, der mich in diese geheime Wissenschaft einweihte, fasste sie in drei je dreiteilige Ordnungen zusammen. Die Erste ist jene, sagt er, die gemäß der Überlieferung immerdar um Gott versammelt ist, ununterbrochen, allen anderen voraus, unmittelbar mit Ihm vereinigt. Die heiligsten *Throne* und die Ordnungen der Vielaugigen und der Vielgeflügelten, in hebräischer Sprache *Cherubim* und *Seraphim* genannt, stünden Gott am nächsten – so gebe es die Erklärung der heiligen Schriften. Diese triadische Ordnung bezeichnete unser großer Meister als die oberste gleichsam dreieinige Stufe der wahrhaft ersten Hierarchie. Keine andere ist Gott näher und ähnlicher, keine den direkten Ausstrahlungen der Urgottheit stärker ausgesetzt als diese. Als die zweite Triade sprach er diejenige an, welche von den *Gewalten*, *Herrschaften* und *Mächten* gebildet wird. Die dritte und unterste der drei himmlischen Hierarchien endlich bestehe aus den drei Ordnungen der *Engel*, *Erzengel* und *Fürsten* der Geister.

KAPITEL VII

DIE ERSTE TRIADE

1. SERAPHIM, CHERUBIM UND THRONE

Lassen wir die geschilderte Rangfolge der heiligen Hierarchien gelten, so können wir sagen, dass jegliche dieser Benennungen von himmlischen Geistern eine Offenbarung über die besonderen gottähnlichen Eigentümlichkeiten der betreffenden Stufe enthält.

Nach den Kennern des Hebräischen[65] zu urteilen, bedeutet der heilige Name der Seraphim entweder »Entflammer« oder »Glutentfacher«. Der Name Cherubim dagegen entweder »Verbreiter der Erkenntnis« oder »Ergießer der Weisheit«.

Mit Recht wird der alleroberste Heilsdienst der himmlischen Hierarchien darum von diesen allerhöchsten Wesen versehen; denn sie nehmen eine über alle anderen erhabene Stellung ein. Ursprünglicher treffen die durch Gott gewirkten Offenbarungen auf sie, und die Einweihungen in Göttliches werden unmittelbar auf sie übergeleitet. Sie, die Ersten von allen, stehen Gott am nächsten. »Glutentfacher« und »Ergießer der Weisheit« werden auch die Throne genannt – dieser Namen offenbart ihre gottähnliche Wesensart.

Das immerwährende, unaufhörliche Bewegtsein um das Göttliche, die Glut, die Schärfe, das Übereifrige des beständigen, nie wankenden Immer-Umkreisens; ihre Fähigkeit, alle tieferstehenden Ordnungen emporzuführen, sie zu entzünden, sie zu ähnlich wirksamer Glut anzufachen und sich selbst so weit wie möglich anzugleichen; die Kraft, in brennenden und verzehrenden Flammen alle zu reinigen, ein Charakter, der kein Verhüllen und kein Verlöschen zulässt und immer gleichmäßig jedes Dunkel lichtet, jede Finsternis verscheucht und vernichtet, lichtartig und lichtspendend – das ist es, was uns der Name »*Seraphim*« lichtvoll offenbart.

Der Name »*Cherubim*« bezeichnet die Kraft des Erkennens und Gottschauens, die Fähigkeit, höchste Erleuchtungen aufzunehmen und die urgöttliche Schönheit in ihrer direkten, unmittelbar wirkenden Macht zu spiegeln. Sie sind für weise machende Mitteilungen geschaffen, neidlos drängen sie, mit den Wesen der zweiten Ordnung Gemeinschaft zu schließen und die von Gott geschenkte Weisheit unter ihnen zu verbreiten.

Der Name »*Throne*« endlich bedeutet die höchste,

erhabenste Schar. Er weist auf jene Wesen hin, die aller erdhaften Niedrigkeit am weitesten entrückt sind.

Überweltlich streben sie stets nach oben, bleiben von allen unter ihnen kreisenden Gliedern unerschüttert, hinweggehoben über sie alle, festgehalten durch die Kraft des wahrhaft Höchsten, sicher gegründet und voll Stärke, unfähig jedes Wankens, so dass sie frei von jeder sinnlichen, materiellen Störung die Einkehr Gottes genießen, als eigentliche Gottesträger, allen göttlichen Erleuchtungen ehrfurchtsvoll erschlossen.[66]

2. DAS WESEN DER OBERSTEN TRIADE

Dies ist, nach unserem Einsichtsvermögen, die Erläuterung ihrer Namen. Nun bleibt zu erklären, was wir als das eigentliche Wesen ihrer gemeinsamen Heils-Ordnung betrachten; denn dass das Ziel jeder Hierarchie unwandelbar in der Nachahmung des göttlichen Wesens bestehe und die Funktion jeder Hierarchie sich im heiligen Empfangen und Mitteilen der reinsten Lauterkeit und des göttlichen Lichtes und der vollendenden Erkenntnis erfülle, glaube ich hinreichend besprochen zu haben. Jetzt aber will ich – in einer Weise, die jener höchsten Geister würdig sein möge –, klar zu zeigen versuchen, wie uns ihre Hierarchie durch die Heilige Schrift offenbart wird.

Für die ersten Wesen, welche gleich nach der Urgottheit selbst ihre Stelle haben, sozusagen in der Vorhalle dessen, dem sie ihr Sein verdanken, schon durch den Platz, den sie einnehmen, allen sichtbaren und unsichtbaren geschaffenen Mächten hoch überlegen – für diese muss man einen eigenen und in jeder Beziehung gleichen hierarchischen Rang voraussetzen.

Als die *Reinsten* muss man diese Geister auffassen, nicht nur als ob sie von allen unheiligen Flecken und Einflüssen frei wären und weil materielle, sinnliche Vorstellungen überhaupt keinen Zugang zu ihnen haben können, sondern auch in dem Sinne, dass sie, von jeder Schwächung ungetrübt, über alles minder Heilige hinaus entrückt sind. Gemäß ihrer höchsten Heiligkeit genießen sie vor allen gottähnlichen Mächten den allerhöchsten Rang. Entsprechend ihrer ausschließlichen Gottesliebe behaupten sie unerschütterlich den ihnen eigenen, von steten Schwingungen der Liebesglut erfüllten höchsten Platz. Daher können sie ein Absinken zu einem in irgendwelcher Beziehung Geringeren überhaupt nicht kennen. Immerdar, ohne Wanken und Wechsel, bewahren sie die ungetrübte Fähigkeit der gottähnlichen Eigenart, die ihnen allein entspricht.

Als In-der-Schau-befindlich muss man sie anerkennen, nicht als ob sie Betrachter von irgendwelchen sinnlich wahrnehmbaren oder geistig zu deutenden Symbolen wären oder durch die bunte Fülle einer von Heilsbildern geleiteten Betrachtung zum

Göttlichen erhoben würden, sondern darum, weil sie mit einem Licht erfüllt sind, das jegliche materielle Erkenntnis übertrifft. Sie schauen jene Urschönheit, welche selbst das Schöne schafft und vor allen Wesen ist. Sie sind durch und durch gesättigt von dem unmittelbaren Strahl der heiligsten Dreifaltigkeit. So ist die Annahme erlaubt, dass sie ebenfalls der unmittelbaren Gemeinschaft mit Jesus gewürdigt sind, nicht vermittels heilig gestalteter Bilder, welche in äußeren Formen irgendwie eine Nachahmung der Wirksamkeit Gottes darstellen, sondern aufgrund des wahrhaften Hinzutretens zu Ihm hin. So vollzieht sich ihre unmittelbare Teilnahme an der Erkenntnis im vollen Licht Seiner Gottestaten. Desgleichen ist zu vermuten, dass ihnen das Nachahmen Gottes in edelster Weise verliehen sei und sie in unmittelbarer Kraftwirkung so weit wie möglich auch an Seinen Tugenden teilhaben, die sich in Gotteswerken und Menschenliebe immer betätigen.

So müssen wir diese Art Engel für *vollendet* halten, nicht weil sie vielleicht mittels einer diskursiven Erkenntnis erleuchtet wären, die man aus einer heiligen Mannigfaltigkeit von Symbolen gewinnen könnte, sondern weil sie von der ersten und vorzüglichsten Gnade der Vergottung ganz gesättigt sind, wie es der höchsten, nur diesen Engeln möglichen Erkenntnis des göttlichen Waltens entspricht. Nicht durch andere heilige Wesen, sondern unmittelbar von der Urgottheit selbst werden sie geheiligt, unmittelbar zu ihr streben sie auf, im Allerheiligsten, in alles überragender Kraft und Herrlichkeit. So sind sie in der vollkommenen Heiligkeit fest gegründet, im höchsten Grade Türme der Unerschütterlichkeit. Zu immaterieller und geistiger Schönheit sind sie erhoben, soweit es sich überhaupt ziemen kann, in Beschauung und Erkenntnis und – als der erste um Gott gebildete Kreis – in die ihrer Einsicht zugänglichen Pläne der Gottestaten eingeweiht. Sie sind über alle Ur- und Hintergründe unterrichtet und durch die Urquelle aller Weihevollendung auf erhabenste Weise unmittelbar an die Spitze der Hierarchie gestellt.

3. Die Throne des Himmels

Das also sagen die Verfasser der heiligen Schriften deutlich, dass die niedrigsten Ordnungen der himmlischen Wesen von denen der höheren Ordnung in der Erkenntnis der Gottestaten unterwiesen werden. Auf der obersten Stufe kommt die Erleuchtung durch geheimnisvolle Weihen und Lehren nach Möglichkeit unmittelbar von der Urgottheit selbst. Es finden sich immerhin einige Schilderungen, wie manche unter den Engeln von den höheren heilig in das Geheimnis eingeweiht werden, dass derjenige, der in Menschengestalt Aufnahme im Himmel fand, der Herr aller himmlischen Mächte und der König der Glorie sei.[67] Von anderen Engeln wird das Schwanken gezeigt, die Ungewissheit Jesu gegenüber, und wie sie alsbald Kenntnis von seiner für uns vollbrachten Erlösungstat erlangen, wie Jesus selbst sie geheimnisvoll belehrt, wie er ihnen sein Menschen liebendes Heilswerk in erster Mitteilung geradezu offenbart. »Denn ich«, so erklärt er ihnen, »verkünde Gerechtigkeit und ein Gericht des Heils.«[68] Doch bewundere ich es, dass sogar die obersten der himmlischen Wesen, welche alle anderen so weit überragen, nur mit Ehrfurcht die urgöttlichen Erleuchtungen ersehnen, so bescheiden wie die mittleren auch.[69] Denn sie wagen es nicht, ohne Weiteres zu fragen, warum ist Dein Gewand so rot? Sie zögern vielmehr zunächst, mit sich selbst im Zweifel, und geben zu verstehen, dass sie lernen möchten und sich nach der Erkenntnis göttlichen Wirkens sehnen. Sie wollen aber keineswegs einer kommenden Erleuchtung vorauseilen, die ihnen nach dem Willen des göttlichen Hervortretens beschieden sein mag.

So wird die erste Hierarchie der himmlischen Geister unmittelbar von dem Urgrund aller Weihevollendung erleuchtet, durch direktes Erheben zu Gott hierarchisch erfüllt, von der allerheiligsten Reinheit des unermesslichen Lichtes durchstrahlt, entsprechend erfüllt und geläutert, in übervollkommener Weihe und Wirkung. Diese oberste Hierarchie wird durch kein Sinken nach unten getrübt, mit dem ursprünglichsten Urlicht erfüllt und durch Teilnahme an erstverliehener Erkenntnis und Weisheit vollendet.[70]

Vielleicht ist es nicht unangemessen, dass ich in Kürze auch noch dieses sage: Die Teilhabe am urgöttlichen Wissen ist gar nichts anderes als Reinigung, Erleuchtung und Vollendung. Das Mitteilen göttlichen Wissens reinigt gleichsam von Unreinheit durch die nach Gebühr verliehene Kenntnis der vollkommenen Weihe. Zugleich erleuchtet es durch eben jene göttliche Erkenntnis, durch die es auch den vorigen minder vollkommenen Zustand des Geistes reinigte, da man noch nicht erschauen konnte, was jetzt durch höhere Erleuchtung offenbart wurde. So vollendet das göttliche Wissen auch die Weihe selbst, durch das Licht der nunmehr fest gegründeten Weisheit klarster Erfahrung.

4. »HEILIG, HEILIG, HEILIG«

Das also ist, soweit ich es begreife, die erste Ordnung der himmlischen Wesen, die im obersten Kreisrund um Gott stehen, unmittelbar bei Gott. Einfach und schlicht schwingt ihr unablässiger Reigen in der ewigen Erkenntnis Gottes um Ihn, so wie es ihrer immer leichten Schwebe in der höchsten Rangstellung der Engel entspricht. Reinen Blickes genießen sie die seligsten Anschauungen, sie werden von den einfachsten und unmittelbarsten Strahlen funkelnd erleuchtet und mit göttlicher Speise gesättigt. Diese stellt freilich in der ersten Ergießung aus der Quelle eine reiche Fülle dar, aber bei der Einheitlichkeit der urgöttlichen Labung, welche kein Vielerlei kennt und alles in Einem enthält und in Einheit verwandelt, ist sie doch eben nur Eins. Intensivster Gemeinschaft mit Gott ist diese höchste Triade gewürdigt, an innigstes Mitwirken mit Seiner Herrlichkeit ist sie gewöhnt, ihr winkt das Los höchster Verähnlichung ihrer herrlichen Eigenschaften und Taten, soweit es irgend möglich ist, mit den Seinen. Sie erkennt in bevorzugter Weise viele Geheimnisse des Göttlichen – ihr ist, so weit es überhaupt statthaft sein kann, Teilnahme am göttlichen Wissen und Erkennen gewährt.[71]

Deshalb hat auch die Offenbarung der Schrift uns Menschen der Erde die *Lobgesänge* überliefert, darin sich die Erhabenheit ihrer höchsten Erleuchtungen heilig kundgibt; denn ähnlich dem Rauschen vieler Wasser[72] – um in der Sprache der Sinne zu reden – lassen die einen Glieder dieser Hierarchie den lauten Ruf erschallen: »Hochgelobt sei die Herrlichkeit des Herrn an ihrem Orte.«[73]

Die anderen antworten, indem sie jenen viel gerühmten Gottespreis in tiefster Ehrfurcht laut und voll ertönen lassen: »Heilig, heilig, heilig ist der Herr der Heerscharen, die ganze Erde ist angefüllt mit seiner Herrlichkeit.«[74]

Diese erhabensten Lobgesänge der überhimmlischen Geister habe ich bereits in meinem Buch »Über die göttlichen Hymnen« nach bestem Vermögen beschrieben, und es ist über sie dort selbst das unserem Stand entsprechend Hinreichende schon gesagt. Hier genügt es, wenn ich darauf nur dies eine für den gegenwärtigen Augenblick wieder ins Gedächtnis zurückrufe: Durch die urgöttliche Güte nach Möglichkeit vom Wissen Gottes erleuchtet, teilt diese erste Ordnung, als eine gütige Hierarchie, auch dem Wesen der unter ihr folgenden Stufen der Reihe und Eignung nach alles mit, was diesen fasslich ist. Damit legt sie uns, um es kurz zu sagen, die folgende Wahrheit nahe: Es ziemt sich wohl, mit gutem Grund, dass die Ehrfurcht gebietende Urgottheit, über alle Maßen zu preisen und über alle Maßen gepriesen, von den gottaufnehmenden obersten Geistern nach Möglichkeit erkannt und gepriesen werde. Denn diese sind, wie die Heilige Schrift sagt, die unmittelbar göttlichen Ruheorte der Urgottheit.[75]

Noch eine zweite Wahrheit lehrt uns der Lobgesang dieser Hierarchie: Gott ist die Einheit und Allheit in drei Hypostasen.[76] Er erstreckt seine liebreiche Vorsehung über die gesamte Schöpfung hin. Von den überhimmlischen Wesen herab zu den äußersten Dingen dieser Erde wiederholt sich die Ein- und Dreiheit in ihnen allen – Ursprung aller Ursprünge, Urgrund aller bestehenden Dinge – und hält alles in ihrer unüberzwingbaren Umschließung zusammen.

Kapitel VIII

DIE MITTLERE HIERARCHIE

1. HERRSCHAFTEN, MÄCHTE, GEWALTEN
(κυριότητες, δυνάμεις, ἐξουσίαι)

Nun müssen wir zur mittleren Ordnung der himmlischen Geister übergehen. Soweit wir können, wollen wir mit überweltlichen Augen zu jenen Erscheinungen der Herrschaften aufblicken und zu den wahrhaft kraftvollen Schaubildern der göttlichen Gewalten und Mächte.

Wieder offenbart uns jeglicher Name dieser uns weit überragenden Wesen genau ihre Gott spiegelnde Eigenart, genau ihre gottähnliche Natur.

Der aufschlussreiche Name der heiligen *Herrschaften* bedeutet uns, wie ich meine, einen in jedem Sinn herrlich unbezwingbaren Aufschwung nach oben, ein Herrschertum, das fern von jedem Hang zum Irdischen bleibt, unfähig irgendeiner Entartung zu selbstständiger Tyrannei oder zu anderer entwürdigender Knechtung, die immer nur in Gottferne gedeiht. Mit echter Freiheit, ohne je nachzulassen, jedem Erschlaffen unzugänglich, erhaben über alles, was ihnen nicht gleicht, streben die Engel dieser Riege unaufhörlich nach dem Wesen wahrer Herrschaft, nach der Urquelle allen Herrschertums. Soweit es möglich ist, bilden sie zuerst sich selbst und dann auch alles unter ihnen Stehende nach dem göttlichen Urbild der Herrschergewalt um. Sie verwirklichen also eine Herrschaft, die keinem der eitlen Scheindinge zugewendet ist, weil sie gänzlich dem wahrhaft Seienden verhaftet bleibt – herrlich nimmt sie an der Ähnlichkeit mit Gott als dem Urquell jedes Herrschertums teil.[77]

Der Name der *Heiligen Mächte* bezeichnet nach meiner Auffassung eine gewisse männlich starke und unerschütterliche Mannhaftigkeit – und diese bewahren sie in allen ihren Tätigkeiten, durch welche sie den Willen Gottes vollziehen. Ihr Mut lässt es durchaus nicht zu, dass sie irgendwelche Schwäche zeigen, sie kennen kein Nachlassen beim Aufnehmen der ihnen verliehenen urgöttlichen Erleuchtungen. Mächtig streben sie stetig zur Gottähnlichkeit empor, mit einem beharrlichen Mannesmut, der durch nichts Unmännliches von ihrer Seite jemals ihren Aufschwung zu Gott herabmindern lässt. Unentwegt blicken sie auf die überwesentliche Macht, welche die Quelle aller Machtformen ist. Sie werden dadurch zu ihrem Macht spiegelnden Abbild. Zu ihr wenden sie sich machtvoll, als zum Urgrund jeglicher Macht, und als gottähnliche Vorbilder aller Macht erzeugen sie geistige Stärke, treten sie zu den Wesen der tieferen Ordnung heraus.[78]

Endlich die *Heiligen Gewalten.* Sie stehen mit den göttlichen Herrschaften und Mächten auf gleicher Stufe. Ihr Name besagt, so scheint es mir, ihre wohlgeordnete und unzerstörbare Harmonie, ihre gewaltige Kraft bei Aufnahme des Göttlichen, das Festbestimmende ihrer geistigen Stellung über jede nur weltliche Gewalt weit hinaus. So können die aus ihrer Gewalt fließenden Kräfte nicht mit tyrannischer Willkür zu niederen Zwecken missbraucht werden. In schöner Ordnung dringt ihre unbesiegbare Gewalt unverwirrbar zum Göttlichen empor, sie blicken zu tieferstehenden Wesen gütig herab und richten sie aufwärts. So eifern sie selbst der Gewalt schaffenden Urquelle aller Gewalt nach, aus der ja alle Gewalt ihr reineres Vorbild schöpft, und werden ihr ähnlich, soweit es irgend möglich ist. Mit höchster Kraft strahlen sie dann dieses Urbild auf die anderen Engeln ab, gemäß den wohlgeordneten Stufen der Herrschaft und den Harmonien jener Macht, die ihrer Gewalt entspricht.

Die mittlere Ordnung der himmlischen Geister wird durch den Besitz dieser gottähnlichen Eigentümlichkeiten in solcher Weise gereinigt, erleuchtet und vollendet. Von der ersten hierarchischen Ordnung werden ihr die urgöttlichen Erleuchtungen zuteil, durch deren Vermittlung, an zweiter Stelle eingestrahlt, sie ihr als Offenbarungen des zweiten Grades zugeführt werden.[79]

2. DAS GESETZ DER TEILHABE

Den Sachverhalt, dass in der geschilderten Weise die Kunde von einem Engel zum anderen durch Rede vermittelt wird, werden wir mit Sicherheit dafür zum Maßstab nehmen können, wie überhaupt die Vervollkommnung immer weiter in alle Räume dringt und wie die Strahlen beim Vordringen in tiefere Ordnungen sich verbreiten, so dass sie dabei allmählich dunkler werden. Ebenso wie die Kenner unserer heiligen (kirchlichen) Weihen sagen, die unmittelbare Erfüllung mit dem göttlichen Licht sei vorzüglicher als dessen Weitergabe durch andere, denen die Gnade zuteil geworden ist, Gott zu schauen, ebenso ist auch nach meiner Meinung die unmittelbare Teilnahme der Engelordnungen, die sich an erster Stelle zu Gott erheben, lichtvoller als die der nur mittelbar zu Gott geleiteten Geister.

Darum bezeichnet auch unsere priesterliche Überlieferung die obersten Engel als Mächte, durch welche die unter ihr stehenden Engel vollendet, erleuchtet und gereinigt werden. Es heißt dies, dass die einen durch die anderen zum überwesentlichen Prinzip aller Dinge emporgeführt werden und so, soweit ihnen dies verstattet ist, Anteil nehmen an der Reinigung, Erleuchtung und Vollendung, die dem Urquell aller Weihen, allen Lichtes, aller Vollendung entspringt.

Dies ist überhaupt ein Grundgesetz, von dem göttlichen Prinzip aller Ordnungen so aufgestellt, wie es Gott geziemt. Durch Vermittlung der Glieder der höheren Ordnung erhalten die ihr Folgenden ihren Teil an den urgöttlichen Erleuchtungen.

Dieses Gesetz wirst Du oft genug durch die Verfasser der Heiligen Schrift bestätigt finden. So als die väterliche Menschenliebe Gottes das Volk Israel in Zucht genommen und die Abgefallenen zum Zwecke ihrer Bekehrung und heiligen Rettung in die Hände grausamster Völker fallen ließ – denn sie sollten sich wandeln. Aber nach vielfacher Hinleitung seiner Schützlinge zum Besseren erlöste sie Gott auch wieder aus der Gefangenschaft und führte sie abermals in die frühere glückliche Lage liebreich zurück. Zuvor aber sieht einer der Propheten, Zacharias,[80] einen Engel, der meines Erachtens zu den Ersten gehören muss, welche um Gott stehen (denn der Name *Engel* ist, wie gesagt, allen gemeinsam). Er sieht, wie jener die tröstlichen Worte über den eben erwähnten Ratschluss unmittelbar von Gott vernimmt. Und dann sieht er einen anderen Engel, einen der untergeordneten, dem ersten entgegeneilen, wie zur Aufnahme und Weitergabe der Erleuchtung; er sieht ihn von jenem als Hierarchen in den göttlichen Ratschluss eingeweiht werden, sieht, wie ihm der Auftrag erteilt wird, dem Propheten die geheime Kunde mitzuteilen, Jerusalem werde in reicher Fruchtbarkeit blühend von einer Menge Menschen bald wieder bewohnt werden. Ein anderer Prophet, Ezechiel,[81] versichert, dieser Wahrspruch sei von der über den Cherubim thronenden überherrlichen Gottheit selbst in allgemeiner und heiligster Weise aufgestellt worden; denn als die väterliche Menschenliebe das Volk Israel, wie geschildert, durch Zucht zum Besseren hinlenkte, erachtete sie es für angemessen, die Schuldigen mit Gerechtigkeit, wie es Gott geziemt, von den Unschuldigen abzusondern. Nach Einweihung des Cherub wird dieser Ratschluss zuerst jenem Engel anvertraut, dessen Hüften mit einem Gürtel aus Saphiren umgürtet sind, und der zum Zeichen seiner hohepriesterlichen Würde das bis zu den Füßen niederwallende Kleid trägt.[82] Den anderen Engeln, welche die Beile tragen, befiehlt die göttliche Urordnung, sich von dem ersten Engel über die hierzu von Gott getroffene Aussonderung der Gerechten belehren zu lassen. Diesem gebietet sie, mitten durch Jerusalem zu gehen und auf die Stirnen der gerechten Menschen hin ein Zeichen zu machen. Den anderen aber trägt sie auf: »Gehet hinter ihnen her in die Stadt, schlagt wieder und gebt keine Schonung vor euren Augen, aber an alle, an denen das Zeichen ist, tretet nicht heran.«

Und was möchte man wohl über den Engel sagen, der zu Daniel sprach: »Das Wort ist ergangen«?[83] Oder über jenen ersten Engel selbst, welcher das Feuer aus der Mitte der Cherubim empfing?[84] Oder darüber – was noch einleuchtender die schöne Stufenordnung der Engel bestätigt –, dass die Cherubim das Feuer in die Hände dessen legen, der mit der heiligen Stola angetan ist?[85] Oder über den Engel, welcher dem göttlichen Gabriel zurief, um ihm aufzutragen: »Mache, dass jener die Vision erkennt!«[86] Oder über all das andere, das sonst noch von den heiligen Propheten über die Schönheit der gottähnlichen Weltordnung himmlischer Hierarchien aufgezeichnet worden ist?

Wenn die wohlgestaltete Ordnung unserer kirchlichen Hierarchie diesem Urbild nach Möglichkeit nachgezeichnet ist, wird sie die engelhafte Wohlgestalt wie im Spiegel wiedergeben. Von da her empfängt sie ihre Form, und von da her wird sie zur überwesentlichen Urordnung jeglicher Hierarchie geführt.[87]

Kapitel IX

DIE UNTERSTE HIERARCHIE DES HIMMELS

1. FÜRSTENTÜMER (ἀρχαὶ)

Ein letzter Kreis der Ordnung bleibt für unsere fromme Untersuchung noch übrig: Jener, der die Hierarchie der Engel nach unten abschließt.[88] Er wird von den gottähnlichen *Fürstentümern*, *Erzengeln* und *Engeln* geleitet. Auch hier scheint es mir notwendig, zuerst nach besten Kräften die Aufschlüsse zu erläutern, die in den Bedeutungen ihrer Namen liegen; denn der Name der Fürstentümer[89] bezeichnet den gottähnlichen Fürsten- und Führercharakter himmlischer Fürstenherrschaft, so wie sie der heiligen Ordnungsstufe dieser Fürstengewalten heilig entspricht. Ferner charakterisiert sie ihre grundsätzliche Hinwendung zum Urgrund selbst alles urfürstlichen Fürstentums sowie ihre fürstliche Leitung anderer Engel. Endlich ihre eigene möglichst getreue Nachbildung nach jenem selben Urgrund, der erst Fürstenherrschaft überhaupt erschafft, und zuletzt eine Offenbarung des überwesentlichen Ordnungsgrundes aller Stufenordnungen vermittels dieser Musterordnung der fürstlichen Gewalten.[90]

2. ERZENGEL UND ENGEL (ἀρχάγγελοι)

Der Chor der heiligen *Erzengel* steht mit den himmlischen Fürstentümern auf gleicher Stufe. Sie und die Engel bilden ja, wie schon gesagt, eine Hierarchie, eine Ordnungswelt. Es gibt aber keine Hierarchie, die nicht erste, mittlere und letzte Mächte besäße. Darum hält der heilige Chor der Erzengel durch seine Mittelstellung in dieser Hierarchie die beiden Flügelgruppen gemeinschaftlich zusammen. Er steht in Gemeinschaft mit den heiligen Fürstentümern und mit den heiligen Engeln. Mit den einen, weil er in fürstlicher Weise zur überwesentlichen Fürstenhoheit hingewendet bleibt und sich ihr nachbildet, soweit es ihm irgend möglich ist. So vereinigt er gemäß seinen wohlgeordneten, festbestimmten und unsichtbaren Führungen die Engel ins Eine. Mit den anderen hat dieser Chor Gemeinschaft, weil auch er die Rolle von Mittlern ausübt, insofern er die urgöttlichen Erleuchtungen durch Vermittlung der fürstlichen Mächte in sich hierarchisch aufnimmt, um sie dann auch den Engeln unter ihm gütigst zu offenbaren und so schließlich auch uns vermittels der Engel kundzutun, wie es dem heiligen Grad eines jeden der göttlich Erleuchteten entsprechen mag.

Sodann die *Engel*. Diese schließen, wie schon angedeutet, die sämtlichen Ordnungen der himmlischen Geister ergänzend nach unten hin ab. Sie besitzen also das Eigentümliche der Engelnatur unter allen himmlischen Wesen im untersten Grade.

Mit umso größerem Recht werden sie von uns, gegenüber allen höheren Geistern, Engel genannt; denn ihre Hierarchie reicht tatsächlich weiter in das Gebiet des für uns mehr Sichtbaren. Die Engel stehen der irdischen Natur näher. Es ist anzunehmen, dass die höchste Ordnung, die dem Verborgenen zunächst ist, zumal sie, wie gesagt, die höchste Rangstufe einnimmt, hierarchisch die zweite Rangstufe auch auf verborgene Art leite. Diese zweite aber, welche durch die heiligen Herrschaften, Mächte und Gewalten gebildet wird, muss der Hierarchie der Fürstentümer, Erzengel und Engel vorstehen, daher schon mehr in Sichtbarkeit treten als die erste Hierarchie, aber vergleichsweise noch verborgener sein als die ihr nachfolgende dritte. So muss endlich diese letzte Hierarchie der Fürstentümer, Erzengel und Engel, als die Grundordnung der schließlich ins Sichtbare Tretenden, durch die Kette ihres gegenseitigen Einwirkens auch den ihnen unter Menschen nachgebildeten Hierarchien vorstehen; denn es soll nach abgestufter Ordnung das sie alle ursprünglich Bewegende möglichst beständig auch hier noch weitergegeben werden. Das Emporführen und Hinwenden zu Gott, die Gemeinschaft und Vereinigung mit Ihm – und desgleichen die Ausstrahlung aus Gott, welche allen Hierarchien zuteil wird, allen gemeinschaftlich in Güte hingegeben, unter Wahrung ihre heiligsten Ordnungsschönheit.[91]

Deshalb hat die heilige Gottesoffenbarung unsere menschliche Hierarchie den Engeln zugewiesen. Sie nennt Michael den Fürsten des Judenvolkes[92] und andere Engel die Fürsten anderer Völker.

Denn es hat der Höchste den Völkern ihre Grenzen gesetzt, genau nach der Zahl der Engel Gottes.[93]

3. MELCHISEDEK

Wie aber, wenn jemand einwenden wollte: »Warum wurde denn eigentlich das Volk der Hebräer allein zu den urgöttlichen Strahlen emporgeführt?« Darauf ist zu erwidern, dass in keiner Weise die zielgerechte Vorstandschaft der Engel für die Abirrung der anderen Völker zu unechten Göttern verantwortlich gemacht werden darf. Nur jene Völker selbst sind daran schuld. Durch eigene Triebe sind sie blind vom richtig vorgezeichneten Weg abgewichen, dessen Aufstieg zu Gott führte – nämlich durch ihre Selbstsucht und Vermessenheit und durch Verehrung dessen, was ihnen dementsprechend irrig als das Göttliche erschien. Ist doch sogar vom Volk der Hebräer bezeugt, dass dies auch ihm widerfuhr. Daher heißt es in der Heiligen Schrift: »Die Erkenntnis Gottes hast

Du verworfen«[94] und »der Niedrigkeit Deines bösen Herzens bist du nachgewandelt«.[95]

Das Leben, das uns gegeben ist, bleibt nicht dem eingeborenen Zwang unterworfen, auch nicht der auferlegten Notwendigkeit. Es ist auch nicht so, dass das göttliche Licht, das von der Vorsehung bis auf uns gestrahlt wird, etwa verdunkelt würde, vielleicht durch die Willensfreiheit derer, welche Gegenstand dieser Vorsehung sind, sondern es ist die Ungleichartigkeit der verschiedenen geistigen Augen, die solches bewirkt. So kann auch die in Überfülle ausgestrahlte väterliche Güte entweder ganz und gar vergeblich werden und am blinden Widerwillen der Menschen nutzlos abgleiten, oder ihre Mitteilung gelingt, aber nur unvollständig, durch kleinere oder größere, dunklere oder hellere Reflexe des immer einen, einfachen Allstrahls, der von Ursprung an sich immer und überall gleich und einzig bleibt, wohin er auch dringen mag.[96] Auch die anderen Völker – aus denen auch wir selbst emporgetaucht sind, bis zu jenem unermesslich reichen Strahlenmeer des göttlichen Lichtes, das der Schöpfer für uns alle zu williger Mitteilung offen ausgebreitet hat[97] – auch die anderen Völker regierten nicht andere fremdländische Götter. Nur ein einziges Urprinzip gibt es von allem, und zu diesem führten die Engel, welche in jeglichem Volk die Hierarchie innehatten, ausnahmslos jeden empor, der ihnen zu folgen gewillt war.

In diesem Sinne muss auch das Beispiel des *Melchisedek* verstanden werden, des von Gott geliebtesten Hierarchen, der nicht etwa falsche Götter verehrte, sondern des wahrhaft Seienden, höchst einzigen Gottes Priester war. Die Gotteskundigen nennen ihn daher tatsächlich nicht bloß einfachhin den Freund Gottes, sondern auch seinen Priester. Sie wollen damit den Verständigen deutlich machen, dass er nicht bloß von sich aus, ganz allein, zum wahren Gott hingefunden hat, sondern als ein heiliger Hohepriester auch andere Menschen auf den Weg zur wahren und einzigen Urgottheit emporzuleiten bemüht war.[98]

4. Beispiele

Auch daran wollen wir Deine hierarchische Einsicht erinnern, dass dem Pharao durch den Schutzengel Ägyptens[99] und dem Herrscher von Babylon durch den diesem Volk zugehörigen Engel[100] die Fürsorge der Vorsehung und deren über alles sich erstreckende Herrschermacht in Visionen verkündet worden ist. Wir erinnern Dich daran, dass auch bei jenen Völkern Diener des wahren Gottes auftraten, als Führer in der Deutung der durch Engel gewährten Offenbarungsbilder. Heilige, den Engeln nahestehende Männer, wie Daniel oder wie Joseph, denen solche Offenbarungen von Gott aus durch Engel verkündet wurden, standen auch ihnen zur Verfügung,[101] denn es gibt nur eine Urquelle, nur eine Vorsehung für Alles. Auf keinen Fall darf man glauben, dass die Urgottheit gleichsam nach dem Zufall des Loses die

Juden leite, Engel dagegen auf eigene Faust, sei es in gleicher, sei es in entgegengesetzter Absicht,[102] und dass irgendwelche anderen Götter die anderen Völker aufeinanderhetzten. Jenes Schriftwort darf man nicht in dem unheiligen Sinn auslegen, als ob Gott mit anderen Göttern oder mit Engeln die Regierung über uns Menschen geteilt hätte, wobei Israel ihm als dem Herrscher und Führer dieses Volkes durch das Los zugefallen wäre, sondern auf folgende Art: Die eine allumfassende Vorsehung des Allerhöchsten hat alle Menschen den zugehörigen Engeln überwiesen, damit diese sie durch ihre emporführenden Handreichungen leiten und retten, aber nur Israel hat sich – im Gegensatz zu allen anderen – der Erleuchtung und Erkenntnis des wahren Herrn zugänglich gezeigt.

Darum sagt auch die Heilige Schrift – womit sie andeuten will, Israel habe sich gänzlich dem Dienst des wahren Gottes hingegeben: »Anteil des Herrn ist Israel geworden.«[103] Das Offenbarungswort soll aber zugleich zu verstehen geben, dass auch Israel in gleicher Weise wie alle anderen Völker einem der heiligen Engel zugeteilt worden ist, um durch seine Vermittlung die eine höchste Ursache von Allem zu erkennen. Darum heißt es dort auch, Michael regiere das jüdische Volk. Wieder lehrt uns dies deutlich, dass es nur eine Vorsehung von allem gebe. Sie thront überwesentlich über allen sichtbaren und unsichtbaren Mächten, und alle Engel, welche die einzelnen Völker regieren, führen nach Kräften die freiwillig Folgenden zu ihr allein als dem eigentlichen Ursprung von Allem empor.

Kapitel X

DAS DREIFACHE VERMÖGEN DER ENGEL UND MENSCHEN

1. EINE ZUSAMMENFASSUNG

So ist denn für uns das Ergebnis gewonnen, dass auch die ursprünglichste[104] Ordnung der um Gott versammelten Geister durch jene Einstrahlung hierarchisch erfüllt wurde, die dem Urquell aller weihenden Vollendung entströmt. In unmittelbarer Erhebung zu Ihm werden diese Geister durch die verborgenste und strahlenreichste Lichtmitteilung der Urgottheit direkt gereinigt, erleuchtet und vollendet. Verborgen wird dieses göttliche Licht nur deshalb genannt, weil es noch geistiger, noch mehr vereinfachend und noch stärker einigend hier zuerst ausgesandt, hier zuerst erscheint, noch in seinem vollen Umfang. So ergießt es sich auch in reichlicherem Maß in diese Geister der ersten Ordnung, die selbst noch völlig durchleuchtbar ist. Von ihr wird dann die zweite Ordnung hierarchisch emporgeführt, in dem ihr entsprechenden Maß, und von der zweiten die dritte – und von der dritten dann unsere eigene (kirchliche) Hierarchie, nach dem gleichen Gesetz des wohlgeordneten Prinzips aller Ordnungen, in göttlicher Harmonie und in Ebenmaß bis hin zu dem überursprünglichen Anfang und Endabschluss der gesamten in Schönheit gestalteten Weltschöpfung.[105]

2. DIE KETTE

Alle Chöre der Engel sind Offenbarer und Verkünder derer, die vor ihnen sind. Die ursprünglichsten sind die Boten Gottes, ihres unmittelbaren Bewegers; und in entsprechenden Maßen sind dann die übrigen Engel auch Offenbarer der von Gott bewegten Geister. Auf solche Art ist durch die überwesentliche Harmonie der in Schönheit gestalteten Weltschöpfung dafür vorgesorgt, dass jedes vernunftbegabte Wesen geistig emporgeführt werde, so wie es der heiligen festgefügten Musterordnung entspricht. Da in dieser Ordnung aber auch für jede einzelne Hierarchie die ihr heiliggemäße Stufe vorgesehen ist, begreifen wir, wie jede Hierarchie in eine erste, mittlere und letzte Offenbarungsmacht sich auseinander entfalten muss. Aber auch jede einzelne dieser Ordnungen hat die Vorsehung wieder – das muss eindringlich wiederholt werden – nach den Verhältnissen des göttlich harmonischen Maßes auseinander gegliedert. Daher sagen auch die Propheten, sogar die göttlichsten Seraphim hätten einer dem anderen zugerufen.[106] Sie wollten uns damit andeuten, wie ich glaube, dass die obersten Engel ihren nächsten von den Erkenntnissen des Gotteswissens etwas mitteilen.

3. DAS DREIFACHE VERMÖGEN

Auch das noch darf ich vielleicht hinzufügen, dass selbst jeder einzelne himmlische und menschliche Geist in seinem Inneren oberste, mittlere und unterste Kräfte besitzt und in Ordnungen bei sich selbst vorfindet, die ähnlich den geschilderten Anleitungen zum Aufstieg wirken und den Einstrahlungen der verschiedenen Hierarchien entsprechen.[107] Gemäß solcher Ordnungskraft erlangt jeder einzelne Geist in dem für seine Art erreichbaren Maß einen Anteil an der überheiligen Reinheit, dem übervollen Licht und der absoluten Vollendung.[108]

Denn nichts ist in sich selbst vollendet, nichts der Vollendung unbedürftig. Nur das durch sich selbst Existierende, Ungeschaffene und Urvollendete ist wahrhaft in sich selbst absolut und ewig vollkommen.

Kapitel XI

DIE HIMMLISCHEN MÄCHTE

1. EIN SCHEINBARER WIDERSPRUCH

Nach diesen grundlegenden Unterscheidungen ist auch die Frage erwägenswert, aus welchem Grunde wir alle Engelwesen insgesamt auch »himmlische Mächte« zu nennen pflegen.[109] Wir können nicht, wie bei den Engeln, die Behauptung aufstellen, dass die heiligen Mächte dem äußersten der drei Ordnungskreise angehören; und doch haben nur die höheren Wesen auch teil an den Erleuchtungen der niedrigeren, keineswegs aber die letzteren an allen Erleuchtungen der ersteren. Zwar werden alle göttlichen Geister himmlische Mächte genannt, keineswegs aber Seraphim und Throne geheißen, oder Herrschaften, denn die untersten Ränge haben ja nicht in vollem Umfang Anteil an den Eigentümlichkeiten der oberen. Die Engel aber, und die über ihnen gestellten Erzengel, Fürstentümer und

Gewalten, die doch in der Heiligen Schrift im Rang unter die Mächte gestellt sind, werden dennoch von uns oft gemeinsam mit den anderen heiligen Wesen als »himmlische Mächte« angerufen.

2. SEINE AUFLÖSUNG

Dennoch behaupte ich, dass wir keine Verwirrung in unsere Einteilung der Ordnungen und ihrer Eigenschaften hineintragen, wenn wir alle zusammen auch *himmlische Mächte* nennen. Vergessen wir nicht, dass bei allen göttlichen Geistern zu trennen ist, was wir ihrem überweltlichen Charakter gemäß als Wesen, Macht und Wirksamkeit unterschieden haben. Diese Art Macht meinen wir und ebenso diese Wesenheit, so oft wir alle oder einige von ihnen ohne Unterschied ihrer besonderen Eigenschaften »himmlische Wesen« oder »himmlische Mächte« nennen.[110]

Man soll also durchaus nicht meinen, dass wir die höhere Eigenart der von uns bereits ausführlich unterschiedenen heiligen Mächte auch den untergeordneten Chören in vollem Umfang zusprechen wollten, um dadurch die unvermischbare Stufenreihe der Engel-Ordnungen umzustoßen. Oft genug und eindringlich genug haben wir dargelegt und bewiesen, dass die höheren Ordnungen zwar die Fähigkeiten der tieferstehenden in überragendem Maße besitzen, die unteren dagegen niemals der überlegenen

Gesamtfülle der Ranghöheren zuteil werden, weil die Einstrahlungen, die für die oberen Chöre unmittelbarer aufleuchten, zu den unteren nur mittelbar und entsprechend ihrer Empfänglichkeit hingelangen.

Kapitel XII

DIE IRDISCHEN MÄCHTE

1. BISCHÖFE ALS »ENGEL«

Auch folgende Frage wird oft von denen aufgeworfen, die gern in den geistlichen Ansprüchen forschen: Warum, wenn die unteren Ordnungen nicht an der Gesamtfülle der Höheren teilhaben, warum ist dann der Hierarch unserer Kirche von der Schrift auch »Engel des Allmächtigen Gottes« genannt?[111]

2. DAS GESETZ DER TEILHABE

Meines Erachtens widerspricht diese Benennung keineswegs den soeben aufgestellten Gesetzen. Wir sagten zwar, die unteren Ordnungen ermangeln der vollständigen Macht der erhabeneren, ranghöheren, denn sie besitzen dieselben nur in abgeleitetem Maß, sowie es die eine Harmonie der alles verbindenden

Gemeinschaft bedingt. So erkennt der Chor der heiligen Cherubim höhere Weisheit, die Ordnungen der ihn nachstehenden Wesen können dies zwar auch, aber nur durch Vermittlung der Ersteren, und nur in entsprechend vermindertem Grade. Weisheit und Erkenntnis mitzubesitzen, ist ja überhaupt ein gemeinsames Gut aller vernunftbegabten Wesen, die Gott ähnlich sind. Aber unmittelbar, und an erster Stelle, oder in zweitem oder tieferstehendem Grad daran teilzunehmen, das ist nicht mehr gemeinsam. Das ist verschieden, so wie es eben für jeden durch das ihm und seinem Rang eigentümliche Fassungsvermögen bedingt ist.

Dieses Gesetz kann man ohne zu irren auch für alle göttlichen Geister feststellen. Gewiss, so wie die Oberen stets ein Übermaß von den eigentümlichen heiligen Kräften der Unteren besitzen, ebenso zeigen diese letzteren auch Fähigkeiten der ersten, freilich nicht in gleicher Stärke, wohl aber in untergeordnetem Grad. Daher kann ich nichts Auffälliges[112] darin finden, wenn die Schrift auch unseren Hierarchen »Engel« nennt;[113] denn ein Bischof nimmt teil an der den Engeln anvertrauten Sendung, Deuter zu sein der göttlichen Dinge, gemäß der ihm eigenen Macht und soweit dies einem Menschen möglich ist. Er wird zu dem engelähnlichen Rang eines Verkünders emporgehoben.

3. PROPHETEN ALS »GÖTTER«

Du wirst schließlich sogar finden, dass die Heilige Schrift sowohl die himmlischen Wesen, die uns überragen, als auch mitten unter uns jene Heiligen, die als Menschen der Liebe Gottes am nächsten stehen, ebenfalls Götter nennt. Wo doch die urgöttliche Unkennbarkeit über alle Wesen erhaben ist, allem Geschaffenen entrückt, und nichts Greif- oder Sichtbares als ihr gleichend bezeichnet werden kann!

Dennoch ist alles, was in der geistigen Welt des Erkennens sich zu ihr vollständig hingewandt hat, mit allen seinen Kräften die Einigung mit ihr erstrebt und gemäß der eigenen Möglichkeit unablässig zur Erleuchtung durch ihre göttlichen Einstrahlungen sich empordrängt, zuletzt auch des göttlichen Namens für würdig befunden worden. Aufgrund solcher mit ganzer Kraft erstrebten Nachahmung Gottes wird schließlich – wenn solches auszusprechen erlaubt ist – Gottes Ebenbild dargestellt.[114]

Kapitel XIII

DER PROPHET JESAIAS UND DER SERAPH

1. DAS PROBLEM

Nun wollen wir nach bestem Wissen auch untersuchen, warum – wie in der Schrift erwähnt ist – zu einem der Propheten der Seraph[115] ausgesandt worden ist. Es könnte leicht jemand dadurch verwirrt werden; denn warum sollte nicht einer der untergeordneten Engel den Propheten entsühnen können, warum musste es einer der Obersten sein, der zu den ranghöchsten Wesenheiten des Himmels zählt?[116]

2. ERSTE LÖSUNG

Von manchem wird uns erklärt, die Schrift habe hier – gemäß dem schon erwiesenen Gesetz, dass unter allen Geistern Gemeinschaft herrsche – gar nicht einen der höchsten um Gott stehenden Geister bezeichnen wollen, der zur Entsühnung des Propheten gekommen wäre. Es sei vielmehr einer der unmittelbar über uns gesetzten Engel mit dem Namen Seraph belegt worden, in seiner Eigenschaft als Vollzieher dieser Entsühnung des Propheten, zu dem Zweck, um dessen schon eingestandenen Fehler durch feurige Glut hinwegzubrennen und den Entsühnten zum göttlichen Dienst zu entflammen. Das Schriftwort habe nur im allgemeinen Sinn – so wird gesagt – von einem Seraph gesprochen, nicht von denen, die flammend um Gott stehen, sondern von den entsühnenden Mächten, die zu uns ausgesandt sind.

3. EINE ZWEITE LÖSUNG

Von anderer Seite wurde mir eine auch nicht unpassende Lösung dieser Schwierigkeit dargeboten. Es ist mir nämlich gesagt worden, dass jener große Engel – wer immer es sein mochte – den ihm aufgetragenen heiligen Dienst der Entsühnung auf Gott, und nächst Gott auf die oberste weiterwirkende Hierarchie, nur deshalb zurückgeführt habe, um jene Vision hervorzubringen, die den Propheten in die göttlichen Geheimnisse einführen sollte. Trifft dieses Wort nicht genau die Wahrheit? Auch mein Gewährsmann sagte ja, dass sich die urgöttliche Kraft über alles hinweg erstreckt und durch alles ungehemmt hindurchdringt. Sie bleibt trotzdem allem unsichtbar, nicht bloß weil sie über alles Geschaffene erhaben ist, sondern auch, weil sie ihre allumfassende Wirkung fürsorglich vor allen verbirgt. Nur den geistigen Wesen zeigt sie sich in der ihnen gemäßen Art, und indem sie ihr eigenes Licht zunächst den ranghöchsten der von ihr geschaffenen Wesen spendet, verteilt sie dasselbe. Es strahlt durch diese Ersten hindurch und verteilt sich in schöner Ordnung unter den Tieferstehenden weiter, genau ihren harmonisch abgestuften Kräften entsprechend, mit denen einzelne Wesen Gott zu schauen vermögen.

Noch deutlicher gesagt, und um ein naheliegendes Beispiel aus der Natur zu wählen (mag es auch vor Gott, der ja über alles erhaben ist, ganz unzulänglich sein), der ausgesandte Sonnenstrahl geht durch die erste Materie, welche noch durchleuchtbarer ist als alle anderen, ohne Widerstand hindurch, und lässt in ihr seine eigenen Glanzlichter in voller Stärke aufblitzen. Wenn er aber auch auf dichtere Stoffe trifft, dann wird das mitgeteilte Licht dunkler und dunkler, weil die beleuchteten Gegenstände eine immer geringere Fähigkeit zur Weitergabe des Lichtes besitzen. Infolgedessen wird der Lichtstrahl allmählich bis zur fast vollständigen Unmöglichkeit des Weiterdringens aufgehalten. Genau so teilt sich auch die Wärme des Feuers zuerst den dafür empfänglichen Stoffen mit. Diese eignen sich, um ihm ähnlich zu werden, und so wirken sie weiter. Dagegen erscheint an den ihm entgegengesetzten, ihm widerstrebenden Stoffen entweder keine oder nur eine dunkle Spur der Wirkungen, die anderes in Feuer verwandelt.

Noch bedeutsamer ist Folgendes: Wenn Feuer mit Stoffen in Berührung gerät, die mit ihm verwandt sind und eine entsprechende Beziehung zu ihm haben, dann macht es zunächst diese leicht entflammlichen Dinge selbst zu Feuer, erhitzt durch dieselben auch das Wasser oder irgendeinen anderen sonst nicht leicht zu erhitzenden Stoff. Nach dem gleichen Gesetz, das in der physischen Natur herrscht, lässt auch die Urquelle jeder Ordnung überhaupt, der Schöpfer aller sichtbaren und unsichtbaren Welten, den Glanz der von ihm ausgesandten Lichtstrahlen zunächst an den höchsten erstgeschaffenen Wesen leuchtend aufscheinen, und durch diese erhalten dann auch alle anderen Wesen am göttlichen Licht ihren Anteil.

Jene erkennen Gott zuerst, streben am stärksten nach göttlichem Wirken und sind darum in erster Linie gewürdigt, so weit wie möglich Kräfte zu entwickeln, mit denen sie nach Gottes Vorbild handeln. Die ihnen folgenden Wesen erheben sie gütig zu wetteiferndem Streben und teilen ihnen vom empfangenen Strahlenglanz neidlos das Mögliche mit. Diese geben es dann den tieferstehenden weiter; und so wie die ganzen Ordnungen und Riegen wirken, so auch jedes einzelne Wesen vom ersten bis zum letzten, gemäß der göttlichen Vorsehung.

So ist also Gott selbst für alle, die erleuchtet werden, von Natur aus wesentlich und wahrhaft das Prinzip der Erleuchtung, die eigentliche Urquelle allen Lichtes, der Urheber allen Seins und Lebens.

Dagegen ist das einzelne, jeweils um einen Grad übergeordnete Wesen Spender des göttlichen Lichtes für jedes ihm folgende, in der Nachahmung Gottes; denn der göttliche Strom wird durch die einen zu den anderen geleitet.

Darum erkennen alle Engelnaturen mit Recht in der höchsten Ordnung der himmlischen Geister die Quelle aller heiligen Erleuchtung nächst Gott selbst. So wird auf alle Engel, und zuletzt auch auf uns selbst, die urgöttliche Erleuchtung verbreitet; und alle führen jede heilige, dem Göttlichen nachfolgende Tätigkeit auf Gott als ersten Urheber zurück.

Deshalb ist der ersten Ordnung heiliger Engel mehr als allen anderen Ordnungen die Kraft des Erglühens eigentümlich.[117] Die sich über alles verströmende Mitteilung der urgöttlichen Weisheit ist das Charakteristische der Throne, ebenso die Erkenntniskraft für das höchste Wissen, das von Gott selbst ausgestrahlt wird und der ihnen offenen Empfänglichkeit für die Aufnahme des Göttlichen selbst entspricht.

Die Ordnungen der tiefergestellten Wesen haben zwar auch an der Kraft des Erglühens ihren Teil, ebenso an der Weisheit und an der Erkenntnis, also an der Aufnahme Gottes, aber eben doch schon in vermindertem Grade. Zunächst müssen sie auf die vor ihnen stehenden Wesen schauen. Erst durch diese, die gewürdigt sind, Gott in allererster Wirkung nachzuahmen, können die nächstfolgenden zu der ihnen erreichbaren Höhe der Gottähnlichkeit erhoben werden. Daher mögen sie dann auch die erwähnten heiligen Eigenschaften – an welchen sie nur vermittels höhergestellter Wesen den Anteil gewinnen können, der ihnen von diesen letzteren jeweils übermittelt wird – nächst Gott auf eben diese ersten als auf ihre Hierarchen zurückführen.

4. Seraphim und Engel

Mir sagte also der Mann, der mir solche Erklärungen gab, den Propheten sei jenes Gesicht durch einen von jenen heiligen und glückseligen Engeln gezeigt worden, die über uns als Leitsterne eingesetzt sind, und durch dessen erleuchtende Führung sei er dann zur geistigen Schau der höchsten Wesen erhoben worden. Er habe nämlich – um in Sinnbildern zu sprechen – diese höchsten Wesen unter Gott und mit Gott und um Gott stehend gesehen, und hoch über den höchsten Mächten thronend sogar deren höchste über alle Ursprünge hinaus ursprüngliche Spitze erblickt. Obwohl diese doch in gänzlich unaussprechlicher Weise auch über sie alle noch entrückt und erhaben ist.

Durch diese Vision habe der Prophet erkannt, dass die Gottheit unvergleichlich weit über jede sichtbare und unsichtbare Macht erhaben und in aller überwesentlichen Vorzüglichkeit wahrhaft und einfachhin allen entrückt sei, auch nicht den ersten Wesen der Schöpfung vergleichbar. Er erkannte ferner, dass die

Gottheit das Prinzip und die wesengebende Ursache und die unveränderliche Urgrundlage des unauflöslichen Bestandes der Dinge sei, dem auch die übergeordneten Mächte ihr Dasein und ihr glückhaftes Wirken verdanken. So wurde der Prophet in die gottgleichen Kräfte der heiligsten Seraphim selbst geheimnisvoll eingeweiht, da ihm der heilige Name derselben ihre Feuernatur andeutete. Wir werden darüber noch einmal, ein wenig später, sprechen, um die Aufschwünge der Feuer erfüllenden Kraft zur Gottähnlichkeit nach unseren Kräften zu schildern.

Wie dann der heilige Prophet die schwerelose höchste Erhebung der heiligen Gestalten um das Göttliche sah, ihre sechsflügelige Erscheinung und die zahllose Menge der Füße und Augen, und wie diese Flügel ihnen Antlitz und Füße bedeckten und nur das mittlere Flügelpaar in steter Bewegung war – so wurde er zur geistigen Erkenntnis der geschauten Dinge emporgehoben. Es wurde ihm die weithin reichende und vieles schauende Sehkraft der höchsten Geister klar, ihre heilige Scheu vor kecker und eigenwilliger und doch stets unerreichbarer Erforschung ihrer hohen und tiefen Geheimnisse durch Unberufene, ihre unablässig zum Höchsten strebende Bewegung, deren Harmonie allzeit Gottes Werke nachbildet – das alles wurde ihm da offenbart.

Auch in jenen preisenden Lobgesang zur Ehre der Urgottheit wurde er eingeweiht, da der Engel, der ihm die Bilder seiner Vision formte, dem Propheten seine eigene heilige Erkenntnis nach besten Kräften mitteilte. Er belehrte ihn auch darüber, dass für alle Wesen, wie rein sie auch sein mögen, die geheimnisvolle Teilnahme am urgöttlichen Strahlenglanz immer noch eine höhere Reinigung bedeutet. Dieser Glanz nun, der aus erhabenen Ursachen von der Urgottheit selbst in alle heiligen Geister eingestrahlt und in überwesentlicher Verborgenheit mystisch verbreitet wird, erscheint zuerst den Mächten, welche um Gott stehen, weil sie die höchsten sind, in einem gewissen helleren Licht und teilt sich ihnen im höheren Grad mit.

Bei den Geistern der tieferen Ordnungen und schließlich bei uns, als den letzten der vernunftbegabten Wesen, wird im Verhältnis des Abstandes, den jedes dieser Wesen und jede Ordnung dieser Wesen in der tatsächlichen Fähigkeit einnimmt, gottähnlich zu handeln, auch die Aufnahme des klaren Lichtes eingeschränkt. Diese göttliche Lichtquelle ist aber einig und einzig und überall und strahlt aus dem unerforschlichen Urgrund ihrer eigenen Verborgenheit. Doch strömt sie in die einzelnen Glieder der niederen Ordnung nur vermittels der höheren hinein, und wird – um es kurz zu sagen – zuerst an den obersten Mächten aus ihrer unendlichen Allverborgenheit vergegenständlicht und offenbar.

Durch den Engel, der ihn erleuchtete, wurde also der Prophet in dieses Gesetz eingeweiht. Er lernte so, dass die Reinigung und alle anderen von Gott selbst herrührenden Urwirkungen, durch die obersten Wesen hindurch sichtbar erstrahlend, auf alle übrigen Wesen übertragen werden, so wie es deren jeweiligem Grad der Teilnahme am göttlichen Wirken entspricht. Die eigentümliche Kraft, durch Feuer zu reinigen, hat er deshalb auch nächst Gott durchaus richtig auf die Seraphim zurückgeführt.

Es ist daher kein Widerspruch, wenn es heißt, dass der Seraph den Propheten reinigte. So wie Gott dadurch, dass er jeglicher Reinigung Ursache ist, alles und jedes reinigt – oder deutlicher (ich will ein naheliegendes Beispiel gebrauchen), wie es von unserem Hierarchen gesagt wird, dass er selbst reinigt oder erleuchtet, wenn er durch seine Diakone oder Priester reinigt oder erleuchtet; denn die von ihm konsekrierten Stände führen ja ihre eigenen heiligen Tätigkeiten auf ihn zurück. In gleichem Maße führt auch der Engel, welcher die Reinigung des Propheten mystisch vollzieht, sein eigenes Wissen und seine eigene Kraft des Entsühnens auf Gott als den Urheber zurück, auf den Seraph aber als auf den erstwirkenden Hierarchen. Man ist versucht zu sagen, dass er den von ihm gereinigten Propheten mit der echten Ehrfurcht also belehrt habe: »Das erhabenste Prinzip der von mir an Dir vollzogenen Reinigung, ihr Wesen, ihr eigentlicher Vollzieher, ihr Urheber – das ist Derjenige, welcher auch die vornehmsten Naturen ins Dasein gerufen hat und sie rings um sich in ihrer hohen Stellung erhält, sie vor jedem Irrtum und jedem Abfall bewahrt und sie zur unmittelbaren Teilnahme an seiner eigenen fürsorgenden Tätigkeit fähig macht.«

Diesen Sinn habe die Sendung des Seraph gehabt, sagte mir der Mann, der mich hierüber belehrt hat. »Als Hierarch und als Führer nächst Gott vollzieht jene Ordnung der rangobersten Wesen, von welchen auch mir selbst auf gottähnliche Weise die Kraft des Entsühnens verliehen worden ist, jetzt an Dir – durch mich – die Entsühnung.« Jene Ordnung ist es, durch welche hindurch die höchste Ursache und Urwirkerin aller Reinigung aus ihrer Verborgenheit jene fürsorgenden Tätigkeiten auch auf uns erstreckt.

Solche Geheimnisse lehrte mich jener, und ich teile sie Dir mit. Es wird nun an Deiner verständig kritischen Einsicht liegen, Dich durch Annahme einer der beiden hier dargelegten Gründe von der Schwierigkeit zu befreien und ihn dem anderen vorzuziehen, falls Du glaubst, dass Vernunft und Wahrscheinlichkeit für ihn sprechen und er vielleicht auch der Richtige ist. Du magst aber auch auf eigene Faust etwas ausfindig machen, das Dir der eigentlichen Wahrheit näher verwandt scheint. Es sei denn, Du erfährst etwas noch Besseres durch jemand anderen, dem natürlich auch nur Gott das Wort verleihen kann und dem es die Engel dann vermitteln mögen.[118]

So könnten wir, die wir Liebe zu den Engeln tragen, vielleicht eine noch klarere und uns noch liebere Einsicht erlangen.

Kapitel XIV

Die Zahl der Engel

Auch diese ist meiner Überzeugung nach eine Betrachtung wert. Die Überlieferung der Schrift über die Zahl der Engel spricht von tausend Tausenden und nennt Myriaden von Myriaden;[119] sie wiederholt dabei die höchsten der uns bekannten Zahlen und multipliziert sie miteinander. Sie gibt uns dadurch deutlich zu verstehen, dass die Ordnungen der himmlischen Wesen für uns nicht zählbar sind.

In menschliche Begriffe nicht zu fassen ist also die Menge, sind also die Heere der überweltlichen Geister. Sie übersteigen den mäßigen und beschränkten Umfang unserer sachlichen Zahlen, die Fülle ihrer Scharen ist bloß ihnen selbst bekannt, nur ihre eigene himmlische Erkenntnis kann sie durch überweltliches Wissen geistig bestimmen. In allseliger Art wird ihnen solches Wissen von der urgöttlichen und unermesslich erkenntnisreichen Weisheitswirkerin geschenkt, die überweltlich und überwesentlich der Urgrund aller Dinge ist, ihre allein Wesen schaffende erste Ursache, ihre zusammenhaltende Kraft, ihr umfassender Abschluss – aller Dinge Sein und Eins und Alles.

Kapitel XV

DIE BILDLICHEN GESTALTEN DER ENGEL

1. WIE SIND SOLCHE BILDER ZU DENKEN?

Zuletzt ist noch übrig, dass wir – wenn es Dir gefällt – uns ein wenig von der Anstrengung ausruhen, die für das scharfe geistige Hinschauen auf engelhaft erhabene Eigenschaften unumgänglich war, und jetzt zur breiten Fülle der mannigfaltigsten Einzelheiten herabsteigen, denen wir in vielgestaltiger Buntheit immer wieder bei bildlichen Engel-Darstellungen begegnen. An dieser Vielfalt der Bilder wollen wir dann wieder die Einfachheit der himmlischen Geister erkennen und uns zum Einen emporwenden.

Du mögest Dir aber vorweg klar werden, dass die uns aus heiligen Sinnbildern gewährten Aufschlüsse wieder die gleichen Rangordnungen der himmlischen Wesen offenbaren, bisweilen durch ihr hierarchisches Wirken, bisweilen durch ihr hierarchisches Sein. Wenn diese bald als hierarchisch Befehlende, bald als hierarchisch Gehorchende auftreten (die der obersten Ordnungen als befehlende, die der letzten als ausführende – dann wieder auch die der letzten als befehlende, so dass gleiche Kräfte im Besitz von obersten, mittleren und unteren Mächten aufscheinen), so liegt darin kein Widerspruch. Wir müssen nur eben an unserer Methode der Erklärung festhalten.

Wenn wir nämlich behaupten wollten, irgendwelche Ordnungen würden von den höheren hierarchisch geleitet und ständen zugleich auch wieder diesen selben höheren Ordnungen hierarchisch vor, und wenn wir daraus schließen wollten, dass die höheren Ordnungen, denen die Leitung der niedrigeren zukommt, von eben diesen tieferen – also vom Gegenstand ihrer Leitung – selbst wieder gelenkt würden, dann wäre die Sache allerdings absurd und voll hoffnungsloser Verwirrung. Wenn wir aber sagen, dass ein und derselben Ordnung tatsächlich sowohl aktive wie passive Rollen verliehen sind, aber nicht in Bezug auf die gleichen Objekte und Subjekte, sondern dass eben jede einzelne Ordnung von der höheren hierarchisch geleitet wird, die tiefere aber leitet, dann werden wir wohl behaupten dürfen, ohne uns dabei zu widersprechen, dass man dieselben Gestalten, welche die Heilige Schrift uns in heiligen Bildern vorführt, gelegentlich sowohl den ersten als auch den mittleren und sogar auch den unteren Mächten zuweisen kann.

So entspricht es der Wahrheit. Es wird mithin allen himmlischen Wesen unfehlbar zukommen, 1. dass sie sich zum Höheren hinwenden, 2. dass sie sich beharrlich im Kreis schwingen, um sich selbst drehend, als Wächter ihrer eigenen Kräfte, und 3. dass sie mitteilend hinaustreten und so durch ihr Verkündigungsamt gegenüber den ihnen Anvertrauten auch an den Kräften der Vorsehung teilnehmen.[120]

Wie bereits oft wiederholt, ist solches den einen mehr, ja in überragendem Maß zugeteilt, den anderen aber wird es nur teilweise und nur in schwächerem Grad gewährt.[121]

2. DAS FEUER

Unsere Untersuchungen werden wir damit zu beginnen haben, dass wir zuerst die verschiedenen Typen unterscheiden lernen. Warum finden wir immer wieder, dass die Heilige Schrift das vom Feuer entlehnte heilige Bild allen anderen vorzieht? Zumindest wirst du feststellen können, dass sie nicht bloß feurige Räder schildert,[122] sondern auch von Feuer glühende Lebewesen[123] und Männer, die gleichsam von Blitzen zucken,[124] dass sie sogar um die himmlischen Wesen herum feurige Kohlen in Haufen[125] und lodernde Feuerströme mit unermesslichem Rauschen[126] anbringt. Auch die Throne wären feurig, hat sie gesagt,[127] und selbst bei den höchsten Seraphim deutet sie schon durch ihren Namen an, dass sie feurig erglühen, und legt ihnen Eigenart und Wirkung des Feuers bei.[128] Nach oben und nach unten liebt sie solche vom Feuer hergenommenen bildlichen Darstellungen über alles.

Ich glaube deshalb, dass das Kennzeichen des Feuers an den himmlischen Geistern gerade das andeuten soll, was sich bei ihnen am meisten der Gottesgestalt annähert. Die heiligen Schriften schildern die Wohltaten der überwesentlichen und gestaltlosen Urwesenheit vielfach im Bild des Feuers,[129] weil dieses – wenn man so sagen darf – vielfach ein Auftreten von urgöttlicher Eigenschaft in den Bereich des Sichtbaren einführt. Das sinnlich wahrnehmbare Feuer ist sozusagen in allen Dingen. Es geht unvermischt durch sie alle hindurch und bleibt doch allem unberührbar entrückt. Während es ganz Licht bleibt, kann es zugleich auch verborgen sein, an sich unkennbar, wenn kein Stoff vorliegt, an dem es seine Wirkung offenbaren kann. Es ist unbezwingbar, nicht zu fassen, herrscht über alles und führt alles, woran es hingelangt, zu seinem eigenen Wirken. Es hat verwandelnde Kraft und teilt sich allen mit, was irgend in seine Nähe kommt. Seine unverhüllten Strahlen erleuchten. Es bleibt immer unbesiegt, unvermischt, trennend, unveränderlich, es steigt stets aufwärts, es durchdringt alles, richtet sich immer auf und duldet kein Niedersinken zu Boden. Es ist immer bewegend und selbst bewegt, umfassend und selbst nie umfasst, nie eines anderen bedürftig und doch unvermerkt sich selbst vergrößernd. Es zeigt sich allen aufnahmefähigen Stufen in seiner gewaltigen Größe, bleibt stets allwirksam und mächtig, in allem unsichtbar gegenwärtig. Es scheint gar nicht da zu sein, wenn man sich nicht darum bemüht – aber beim Reiben flammt es plötzlich auf, als ob es sich nur hätte suchen lassen wollen. Seiner Natur nach entflattert es wieder, ohne Bleiben, unverminderbar in all seinen alldurchzuckenden seligen Mitteilungen.

So könnte man noch viele andere Eigentümlichkeiten des Feuers finden, die einer Verwandlung urgöttlicher Wirkungsweise in irdisch-schaubare Vorgänge bildhaft entsprechen.[130] Weil die Gotteskundigen das wissen, lieben sie es, die himmlischen Wesen in vom Feuer entlehnte Formen zu kleiden und offenbaren dadurch deren Gottähnlichkeit oder vielmehr deren Streben, mit allen ihren Kräften nach Gottes Vorbild zu handeln.

3. DIE MENSCHENGESTALTEN DER ENGEL

Auch die Menschengestalt geben sie manchmal den Engeln. Anlass hierfür ist wohl das Geistige des Menschen, weil alle seine schauenden Kräfte nach oben drängen, sein Körper aufrecht und gerade ist und sein Herrschervermögen und seine Führergaben ihm eingeboren zu sein scheinen. Im Vergleich zu den Fähigkeiten vernunftloser Wesen ist der Grad seines sinnlichen Wahrnehmungsvermögens geringer, und doch erweist er sich durch die überragende Macht seines Geistes als ihnen allen überlegen. Seine auf vernunftmäßiges Wissen begründete Gewalt macht ihn unbezwinglich, die Natur seiner unverlierbaren Seele ist nicht zum Schweigen zu bringen.

Man mag auch, so meine ich, aus der Vielgliedrigkeit unserer Körper passende Bilder zur Darstellung himmlischer Mächte gewinnen.

So könnte man sagen, unsere Sehkraft deute den klarsten Ausblick zu den göttlichen Lichtstrahlen an und ebenso das einfache, schmiegsame, nicht widerstrebende, schnell beweglich reine und empfangsbereite Aufnahmevermögen für die urgöttliche Erleuchtung[131] – ohne leidenschaftlichen Affekt.[132]

Die unterscheidende Kraft des Geruchsinnes deutet, so ließe sich weiter sagen, auf das Vermögen hin, auch Geistiges zu wittern, zu erspüren, die körperlosen, über alle sinnliche Vorstellung süßen Ausströmungen des Wohlgeruchs wahrzunehmen und alles einsichtig zu unterscheiden, was nicht von dieser reinen Art ist, und es zu meiden.

Die Kraft des Gehörs deutet auf das Vermögen, urgöttliche Eingebungen[133] zu empfangen und mit Verständnis aufzunehmen.

Der Geschmackssinn deutet auf Hunger nach geistigen Speisen und auf Sättigung durch göttliche Nahrungszuflüsse.[134]

Der Tastsinn deutet auf das geistige Unterscheidungsvermögen für das Zuträgliche und Unzuträgliche.

Die Wimpern und Augenbrauen deuten auf das Vermögen, die aus der Schau Gottes gewonnene Erkenntnis auch zu bewahren.

Die Jugendstärke deutet auf das Wirken der immer blühenden, Leben spendenden Kräfte.

Die Zähne deuten auf die Fähigkeit, Aufgenommenes zu zerteilen; denn jedes geistige Wesen zerteilt die ihm von einem göttlicheren Wesen gespendete eingestaltige Erkenntnis und zerlegt sie mit fürsorglicher Kraft in eine Vielheit, nach den Erfordernissen, die der Emporführung des bedürftigeren Wesens entspricht.

Die Schultern, die Ellbogen und auch die Hände deuten wieder auf die Kraft, zu schaffen, zu wirken, zu handeln.[135]

Das Herz aber ist ein Sinnbild des göttlichen Lebens, das seine eigene Lebenskraft gütig auf das verbreitet, wofür es sorgt.

Die Brust ferner deutet auf die Unbezwingbarkeit und gleichsam auf die Schutzwehr für die Leben spendende Ausströmung des dahinterliegenden Herzens.

Der Rücken deutet auf die Kraft, welche alle Leben erzeugenden Mächte zusammenhält.[136]

Die Füße endlich deuten auf das Bewegungsvermögen, auf die Schnelligkeit und Wendigkeit, auf das Hineilen der nach dem Göttlichen strebenden Kräfte.[137] Darum hat auch die göttliche Offenbarung die Füße der heiligen Geister beflügelt dargestellt;[138] denn Flügel bedeuten Schnelligkeit des geistigen

Auftriebs, das Himmelanstürmende, die Wegbahnung nach oben, die Kraft, die in der Schwebe hält, das Entrücktsein von allem, was an der Erde haftet. Darum soll uns die Leichtigkeit der Flügel erinnern, dass das Wesen der Engel in keiner Weise irdisch ist. Ganz unvermischt und der Schwere nicht unterworfen, erheben sie sich zur Höhe.

Das Nackte und die Barfüßigkeit[139] bedeuten schließlich das Freisein und Freigelassensein, das leichte Losgelöstsein, aller Schranken bar, rein von aller äußeren Zutat – die höchstmögliche Annäherung an die göttliche Einfachheit.

4. Die Kleider der Engel

Weil aber jene einfache und zugleich formenreiche Weisheit auch die Nackten bekleidet und ihnen gewisse Geräte zu tragen gibt, so wollen wir auch die heiligen Gewänder und Werkzeuge der himmlischen Geister nach unseren Kräften erklären.

Das lichtfarbene und das feuerfarbene Kleid[140] deutet, so scheint mir, im Bilde des Feuers das Wirken nach Gottes Vorbild an und die Kraft des Leuchtens, verliehen durch den Ruheort des Himmels, da im Himmel das Licht ist und überhaupt alles, was auf geistige Weise erleuchtet oder durch den Geist zum Leuchten gebracht wird.

Das priesterliche Kleid[141] bezeichnet dann jene Kraft, die uns zum Göttlichen emporführt, uns in mystischer Schau einweiht und überhaupt unser ganzes Leben zu heiligen vermag.

Die Gürtel[142] deuten die Wachsamkeit an, mit der die erzeugenden Kräfte im Zaum gehalten werden, die stetig in sich selbst gekehrte Zucht und Sammlung, den nie ausweichenden, einhelligen Rhythmus, der in unentwegtem Gleichmaß seine schwebenden Kreise sieht.

5. Die Geräte

Die Stäbe[143] bedeuten das Königliche, sie sind Zeichen der Führerschaft und der richtenden Kraft, die jeglichem sein Maß und seinen Wert verleiht.

Die Speere und die Beile[144] deuten auf jene Kraft, die das Ungleiche trennt, und auf die Schärfe, die Energie, die wirksamen Folgen der Ausübung jener Kraft.

Die Mess- und Baugeräte[145] beziehen sich auf den planenden Gründerwillen, der Fundamente legt, aufbaut und vollendet, und auf alle Tätigkeiten, die sonst noch zu den planenden, emporführenden gehören – die auch als bekehrende Fürsorge für die tiefergestellten Wesen aufzufassen sind.

Manchmal können auch die bildlich dargestellten Werkzeuge, die den Engeln beigelegt werden, Symbole des Gerichts Gottes über uns sein. Die einen offenbaren dann die zurechtweisende Erziehung, die anderen deuten auf die strafende Gerechtigkeit hin, wieder andere auf die künftige Befreiung von Bedrängnis oder auf das Endziel der Erziehung, auch auf die Erlangung früheren Glückes oder auf die Neuverleihung anderer Gaben, großer oder kleiner, sinnlich wahrnehmbarer oder geistiger Kräfte. Ein scharfsinniger Verstand dürfte da wohl kaum je in Verlegenheit geraten, jeweils das sichtbar gemachte mit dem unsichtbar gemeinten in entsprechenden Einklang zu bringen.

6. WINDE UND WOLKEN

Dass Engel auch Winde genannt werden, zeigt ihren schnellen, fast zeitlosen Flug an, ihr Schweben über allem, ihre von oben nach unten und ihre von unten nach oben gleitende Bewegung, welche das Tiefere zur oberen Höhe emporreißt und das Oberste bewegt, dass es dem Tieferen sich eröffne, sich ihm fürsorgend durch sein Hervortreten mitteile.[146] Man könnte sagen, dass der Name Wind – wenn er für den wehenden Lufthauch gebraucht wird – auch die Gottähnlichkeit der himmlischen Geister bezeichne. Auch der Lufthauch hat ein Bild und einen Typus urgöttlicher Kräfte eingefangen (wie wir es in der »Symbolischen Theologie« bei der geistlichen Deutung der vier Elemente bereits ausführlich dargelegt haben).[147] Es ist das Bewegliche und Leben erzeugende seiner Natur, sein schnelles, unbezwingliches Kommen und Gehen, das uns mahnt, und die

Heimlichkeit des Anfangs und des Endes seiner Bewegung, deren Ursprung uns immer unbekannt und unsichtbar bleibt! »Denn Du weißt nicht« – so steht es geschrieben – »von wannen er kommt und wohin er geht«.[148]

Aber auch Wolkengestalt[149] legt die Heilige Schrift bildlich den Engeln bei, indem sie dadurch andeuten mag, dass die heiligen Geister des unerschaffenen Lichtes voll werden, überweltlich von ihm erfüllt, und dass sie das erstmalig Erscheinende, aus seinen Ursprüngen hervortretende Licht bescheiden in sich aufnehmen, ohne unangebrachten Stolz, und es dann neidlos auf die tieferstehenden Wesen übertragen können. Sie teilen es ihnen in einer zweiten Lichtergießung mit, nach Maßgabe der Empfänglichkeit eines jeden.

Endlich wird durch die Wolken auch angedeutet, dass den Engeln eine schöpferische, Leben spendende, vermehrende und vollendende Kraft von Gott verliehen ist, eine Art Regenerzeugung im geistigen Sinn. Sie können mit ihrem befruchtenden Regen den aufnehmenden Schoß zu lebendigen Geburten erwecken.[150]

7. Mystische Elemente

Wenn die Heilige Schrift auch die Gestalten des Erzes[151], des Elektrons[152] und von buntfarbigen Steinen[153] verwendet, um himmlische Wesen im Sinnbild zu schildern, so bedeutet das Elektron, weil es zugleich goldfarben und silberfarben schillert, sowohl die Eigenschaften des Strahlens und Glänzens, die Lauterkeit des Goldes, das an den unvergänglichen, unerschöpflichen, unverminderten, nie betrübten Hellglanz des Himmels erinnert. Was das Silber betrifft, so gemahnt es an die Klarheit des Himmels, an sein weißes, lichtvollstes Flimmern und Schimmern.

Beim Erz ist entweder an das Feurige zu denken oder – gemäß dem eben Gesagten – an seinen Goldglanz.

Die Bilder der buntfarbigen Steine scheinen entweder durch ihr Weiß das Lichtähnliche anzudeuten, durch ihr Rot das Feurige oder durch ihr Grün das Jugendliche und Blühende. In jeder Gestalt wirst Du also eine anagogische Mahnung der typischen Bilder finden können, die Dich an Überirdisches erinnert.

Nachdem ich nun dies nach Kräften genügend erklärt zu haben glaube, müssen wir auch zur heiligen Ausdeutung der Tiergestalten übergehen, welche in der Heiligen Schrift den Engeln bisweilen beigelegt werden.

8. DIE TIERE

Die Löwengestalt[154] verkörpert nicht nur die herrscherliche Art dieses Tieres. Sein jähes, starkes Auftreten soll an das Unbezwingliche der unaussprechlichen Urgottheit erinnern und seine Heimlichkeit an das Verdecken geistiger Spuren. Und dann sein Gang: Dieses geheimnisvoll verhüllte Anschleichen, die plötzliche Wendung ans Licht, das Stürzen nach oben – wie unter göttlicher Einstrahlung – ein solches Ebenbild lockt zum Vergleich.

Die Gestalt des Stieres[155] gemahnt an Stärke, an Lebenskraft und an das Aufreißen der Feldfurchen – auch der geistigen! –, um die befruchtenden Regengüsse des Himmels aufzunehmen. Die Hörner aber sind ein Bild schützender Abwehr, ein Zeichen von Unbesiegbarkeit.

Auch die Adlergestalt[156] weist auf etwas Königliches hin. Sie soll an schnellen Flug erinnern, der zu den höchsten Höhen strebt, an die Schärfe des Blickes, an die Vorsicht, an schnelles Herankommen, an die Leichtigkeit, mit der die Kräfte spendende Nahrung ergriffen wird, endlich an das eigentümliche Vermögen, durch machtvolles Anspannen der Sehkraft unverwandt und unbehindert in den vollen blendenden Strahl des urgöttlichen Sonnenlichtes zu schauen.

Die Pferdegestalt bedeutet Gehorsam und zahmes Willfährigsein. Sind die Pferde weiß, bedeutet dies das Lichtglänzende und dessen Verwandtschaft mit dem göttlichen Licht. Sind sie dunkelfarbig, gemahnt dies an Geheimnisvolles; an Feuer und Tatkraft, wenn sie rot sind. Die bunten, weiß-schwarz-scheckigen dagegen sollen an jene Eigentümlichkeiten erinnern, durch welche die äußersten Gegensätze mit alldurchdringender Kraft verbunden werden können.

So wird das Unmittelbare mit dem Mittelbaren und Abgeleitetes mit dem Ursprünglichen zielsicher und vorsorglich verbunden.[157]

Dächten wir nicht an Maß und Ziel unserer Abhandlung, würden wir gern auch noch die einzelnen Eigentümlichkeiten der erwähnten Tiere untersuchen und alle Bildungen ihrer körperlichen Glieder nach dem Grundsatz der unähnlichen Ähnlichkeiten auf die himmlischen Mächte sinnbildlich übertragen. Wir könnten den Zorn der Tiere auf geistige Mannhaftigkeit beziehen, von der ja das zornige Gemüt nur ein ohnmächtiges Echo ist; die Begierden der Tiere auf die göttliche Liebe – und, um es kurz zu sagen, alle Sinnesempfindungen und die vielen Glieder der unvernünftigen Tiere können auf immaterielle Erkenntnisse himmlischer Wesen hindeuten. Wir vermögen sie mystisch auf die eingestaltigen Mächte zu übertragen.

Aber für den Verständigen genügt längst das hier schon Gesagte, und nicht einmal das alles benötigte er. Allein schon die zureichende mystische Erklärung eines einzigen befremdlichen Bildes wird ihm vollauf hinreichen, um fortan den Weg zu gleichartigem Erklären aus Ungleichartigem auch ohne Führung zu finden.[158]

9. Flüsse, Räder, Wagen

Es ist endlich auch noch zu erwägen, dass manchmal von Flüssen, Rädern und Wagen im Zusammenhang mit himmlischen Dingen die Rede ist.

Feurige Flüsse[159] bezeichnen die urgöttlichen Kanäle, die ihnen reichlich und unversiegbaren Zufluss gewähren und Leben spendende Fruchtbarkeit fördern. Die Wagen deuten auf die fest verbundene Gemeinschaft der Gleichgestellten.[160] Die Räder,[161] die mit Flügeln versehen sind und ohne Rückschlag unablässig nach vorwärts sich drehen, lassen uns an die Kraft ihres auf geradem und rechtem Wege voranstrebenden Schwunges denken, denn alle geistige Schwingung ist zu dem gleichen stetigen Gang geradeaus nach aufwärts gerichtet.

Man vermöchte aber der Darstellung geistigen Aufschwunges im Bilde von Rädern auch noch in anderer Weise einen mystischen Sinn anzusprechen: Es ist ihnen nämlich auch, wie der Prophet sagt, der Name »Gelgel« gegeben, was in hebräischer Sprache Umwälzung heißt und zugleich Enthüllung. Denn die feurigen und göttlichen Räder vollziehen ihre Revolutionen und Revelationen (Offenbarungen), indem sie in nie ruhender Rotation um ein und dasselbe Gute schwingen. Das ist ihr Kreisen. Und dabei enthüllen sie das Verborgene: Das ist ihre Offenbarung. So führen sie das Niedrige empor und geleiten die höchsten Erleuchtungen zum Tieferen vermittelnd hinab. Das ist die Umwälzung, die sie bewirken.

Noch ist die Erläuterung dessen übrig, was das Wort von der Freude der himmlischen Ordnungen[162] zu bedeuten habe; denn für die affektive Lust, die uns eigen ist, sind Engel durchaus nicht empfänglich. Es heißt aber doch, sie freuten sich mit Gott über das Wiederfinden des Verlorenen, ganz wie es einer göttlichen Wonne entspräche, und ganz so, wie die gütige und neidlose Fröhlichkeit über die Rettung derer sein müsste, die sich zu Gott bekehren. Es ist jene unaussprechliche Lust, welcher heilige Menschen manchmal teilhaftig geworden sind, wenn die göttliche Erleuchtung durch göttliches Wirken in sie einströmt.

So viel sei denn von mir über die heiligen Gestaltbildungen gesagt. Zu wenig allerdings für die genaue Offenbarung – aber wohl hinlänglich, wie ich glaube, für den vorgenommenen Zweck, damit wir nicht in niedriger Weise an den bildlichen Vorstellungen haften bleiben.

EPILOG

Solltest Du nun einwenden, dass wir nicht der Reihe nach alle Kräfte, Tätigkeiten, Bilder der Engel erwähnt haben, so wie sie in der Heiligen Schrift enthalten sind, so würden wir der Wahrheit gemäß darauf antworten: Die überweltliche Wissenschaft von diesen Dingen ist uns gänzlich unbekannt, und wir sind es viel eher, die da einer Führung durch einen anderen, eines Weisen, bedürfen, der uns die Leuchte vorantrage und uns in jene Geheimnisse einführe.

Was mit dem Gesagten sich als gleichwertig deckt, das haben wir übergangen, einerseits in der Sorge um das Ebenmaß dieser Abhandlung, andererseits aber auch, um das Verborgene, über uns Erhabene, mit Schweigen zu ehren.

ANMERKUNGEN

1 Jak. 1,17.

2 Röm. 11, 36. Christliche Umdeutung der Lieblingsidee des Proklos vom allumfassenden Kreis und des neuplatonischen Grundgedankens, Licht sei gleich Erkenntnis. Vgl. *Inst. Theol. des Proklos*, c. 146: »Alles aber ist voll von Göttern, und was jeder Einzelne seiner Natur nach hat, das hat er von dort her. Doch die Enden aller göttlichen Ausgänge werden stets ihren Anfängen gleich und bewahren so den anfanglosen, unendlichen Kreis – durch ihre Hinwendung zu den Anfängen.« Dionysius beginnt also mit dieser Lehre des Proklos, indem er ihr durch Zurückgreifen auf die Heilige Schrift nunmehr die christliche Fassung gibt.

3 Joh. 1,9. Solche Anrufungen zu Beginn eines Traktats sind von Origenes eingeführt, übrigens auch von Proklos in seiner Weise gebraucht, vgl. den Anfang von dessen *Theol. Plat.*

4 Aus πατροπαραδότους wurde im lateinischen Text »a patribus traditus«, also von den Vätern überliefert.

5 Hier »von ihnen«, während sich das ὑπ αὑτων wohl eher – so viel ich sehen kann – auf ελλἂμψεις illustrationes, »Erleuchtungen«, beziehen könnte. *Patres* hätte Dionysius nie so hart gegen *Patrem* gesetzt.

6 2 Kor. 3,18.

7 Andere Lesart: Innigkeit. Doch ist, wie schon Stiglmayr

betonte, *henikes henotetos* statt *hendotetos* (»einheitliche Einfachheit«) die für Dionysius viel charakteristischere Lesart, da dieser »die Zusammenstellung von Wörtern desselben Begriffs liebt«. Ich habe schon angedeutet, dass hier mehr als bloße Vorliebe oder Gewohnheit im Spiel ist, nämlich die konsequente Anwendung einer Geheimlehre, die zu analysieren noch niemand sich die Mühe gemacht hat.

8 Das Wort *Hierarchie* (Heilsordnung) scheint Dionysius' ureigenste Prägung zu sein. Es ist, wie schon Stiglmayr bemerkt, vor ihm nirgends nachgewiesen, obwohl die Personalbezeichnung *Hierarch* schon vorchristlich war. Der Vermögensverwalter eines griechischen Tempels wurde so benannt (vgl. Zeitschr. für kath. Theol. XXII 1898, Seite 180 ff.). Das Wort *überweltlich* (überweltliche Nachahmung ὑπερκοσμίη μιμησις) ist einer seiner Lieblingsausdrücke. Es mit »transzendent« zu übersetzen (wie manche taten), scheint mir ein Anachronismus. So umschreibe ich es, so oft dies möglich ist, mit »nicht von unserer Welt«.

9 Auch Clemens v. Alexandrien sieht schon in der Feier der Liturgie eine Nachbildung für die Herrlichkeit der Engel.

10 Heilige Schrift, Heilige Schriften, Offenbarung, die von Gott eingegebenen Schriften – die Ausdrücke wechseln bei Dionysius.

11 Ez. 1,13 und 10,2, und Dan. 7,9 und 10; Zachar. 1, 8; Makk .3,26; Jos. 5, 13 etc.

12 Vgl. Koch, S. 208. Stiglmayr erwähnt auch Gregor von Nyssa, der »noch energischer« gegen rohe Vorstellungen sich ereifert und hofft, dass keiner seiner Leser so »viechsdumm« κτηνώδης sein werde … (Vgl. C. Eunom 1, M. s. gr. 45, 344 i).

13 Das Bestreben der Kirchenväter, bildliche Ausdrücke zu rechtfertigen, und besonders auch der Eifer der Neuplatoniker, den griechischen Mythen durch ähnliche symbolische Deutung das Anstößige zu nehmen, geht auf Philon zurück, der diese Methode ausgiebig übte, um solche Bilder in den Büchern des Alten Testaments symbolisch

zu erklären. Vgl. Stiglmayrs Anmerkung zu dieser Stelle, der viele Beispiele anführt.

14 1 Kor. 8,7, heißt es aber »die Erkenntnis ist nicht in allen«, und das ist ein wesentlicher Unterschied.

15 1 Tim. 6,16; Ps. 143,13; Röm. 11,35.

16 Die Ausdrücke des Absprechenden und Zusprechenden (*apophaseis* und *kataphaseis*) hat Dionysius von Proklos übernommen. Stiglmayr erwähnt Clemens v. Alexandrien, der als Erster die negativen Begriffe für den christlichen und jüdischen Allschöpfer empfohlen habe. Aber die Linie dieser Gottbetrachtung ist eine völlig andere. Sie kommt von der indischen Überlieferung, ist in den Upanishaden gut belegt, fand früh über Persien (wo sie zum Dualismus führte) in Westkleinasien Eingang, wo zuerst Anaximander das »Apeiron« in Worte fasste: »Alles Endliche muss dem Unendlichen mit dem Tode Buße zahlen, allein schon dafür, dass es endlich wurde: Das ist die Ordnung der Zeit.« Parmenides gab ihm (mit dem »Überhauptsein«, von dem man nur aussagen könne, was es nicht ist) die erste große griechische Antwort, von da griffen es Plotin und Proklos wieder auf. Von Dionysius wird diese Lehre vom Urgöttlichen Nichts-Nicht-Sein durch seinen großen Übersetzer Scotus Eriugena später in das abendländische Denken verpflanzt als »das Schöpferische Nichts«.

17 Gen. 1,31.

18 Klärender Zusatz, nach dem Vorschlag Stiglmayrs, während Maurice de Gandillac in seiner französischen Ausgabe (Paris 1943) ergänzt: »Vernunftbegabter Wesen«!

19 Dieser Gedanke des Dionysius wird später in den »Namen Gottes« weiter ausgeführt: Der stufenweise in allem Geschaffenen erklingende Widerhall (*Apechema*) der göttlichen Harmonie und Schönheit. Auch diese Vorstellung hat Dionysius zwar von den Neuplatonikern übernommen, und Stiglmayr erwähnt hier auch die »obscura resonantia« der Scholastiker. Aber könnte hier nicht ein viel bedeutungsvollerer Weg der katholischen Liturgie aufzuzeigen sein, von dieser neuplatonischen, durch Dionysius

in das Christentum verpflanzten Idee der stufenweisen Harmonien, zum Halleluja der Messe, das, zwischen Epistel und Evangelium eingeschaltet, bald die Harmonie der Sphären klanglich darstellen sollte? Diese Harmonie sollte rein klingen vor Gott und vielfältig, gebrochen, unübersehbar für die Menschen. Nur die Frommen hören noch den heimlichen Einklang ... So entstand bekanntlich in den abendländischen Klöstern die spezifisch abendländische Polyphonie, die Sequenz, der Endreim (Einklang nach »kakophonischen« Aufklängen). Der Dreiklang, die Entdeckung der Auflösungsgesetze von Disharmonien in Harmonien – kurz, die gesamte abendländische (und nur abendländische!) Musik.

20 Mal. 4, 2.

21 Apoc. 22, 16.

22 Joh. 1,9.

23 Ex. 3, 2, Dtn. 4, 24.

24 Joh. 7, 38, 39.

25 Act. 10, 38; Hld. 1,2.

26 Is. 28, 16; Eph. 2, 20.

27 Os. 13, 7, 8.

28 Os. 5, 14, 13.

29 Os. 13, 7, 8.

30 Os. 13, 7, 8.

31 Ps. 21, 7. Noch viele andere solche Vergleiche zählt Dionysius in Epist. IX auf. Er konnte ein vollständigeres Verzeichnis samt allen wünschbaren »mystischen« Deutungen bereits bei Gregor von Nazianz, Or. XXXI, 22, vorfinden.

32 Auch Origenes hat ein ähnliches Aufgeschrecktwerden bekannt, *De princ.* 4, 15, während Gregor von Nyssa den Rat gibt, sich nicht erst aufschrecken zu lassen, sondern »die Sache gleich richtig zu verstehen« (*De vita Mos.*), vgl. Stiglmayr.

33 Ich glaube hier weniger einen Anklang an Origenes herauszuhören als ein natürlich-naives, unfreiwilliges Bekenntnis des einstigen Proklos-Schülers zum Unterricht seines früheren Lehrers. Denn abgesehen vom Areopagiten – auch

noch für Dionysios den Großen, hätte alles dies bedeutend weniger anstößig, ja schreckhaft geklungen, als für den einstigen Schüler des Neuplatonismus aus dem fünften Jahrhundert – angesichts des neuen Vorstoßes der Gnosis.

34 Mt. 7, 6.

35 *Thiasotai* war eigentlich die Bezeichnung für die eingeweihten Festteilnehmer an einem *Thiasos* des Gottes Dionysos, also an einem orgiastischen Mysterium. Später wurde das Wort zur Verspottung weinseliger Bacchus-Jünger gebraucht. Celsus wendet es auf die Apostel Christi an, um ihre geringe Glaubwürdigkeit zu verhöhnen, und Origenes übernimmt das Wort von Celsus. Dionysius übernimmt es nun als auszeichnenden hierarchischen Ehrentitel (ähnlich wie »Sansculotten« in der Französischen Revolution).

36 τὸ δή πάντων θειότατον θεού συνεργὸν γενέσθαι – omnium divinorum divinissimus cooperati Deo in salutem animarum; dies ist der meist zitierte Satz aus Dionysius. Für das »Mitwirken mit Gott« gab es schon Vorbilder in der Schrift: I. Kor. 3,9. θεού γάρ έσμεν συνεργοὶ und Joh. 3,8, συνεργοὶ τή ἀληθεία. Dagegen für »das Göttlichste von allem« vgl. die Proklos-Theologie (nur Kapitelanfänge jener Abschnitte, die für Dionysius ein Anlass waren, dieses großartige Gebäude griechischer Tautologien in christlichen Tiefsinn zu verwandeln). Besonders diese Lehre vom Mitwirken mit Gott wird erst durch die Hierarchie des Dionysius aus einer Apostelvorstellung zu einer priesterlich weltschaffenden Schöpfungsidee über das Wesen der Allmacht selbst. Aufgerufen, nach dem Urwillen des Schöpfers zu handeln, können wir Seinen Willen ebenso wenig auf uns beziehen wie die Myriaden von Samen, die alle berufen sind, sich zu mühen, von denen aber nur wenige zu Früchten heranreifen können, so dass immer noch den Vielen um der Wenigen willen ihr Dasein gegeben ist, auch wenn diesen Wenigen ihre Rollen und ihre Pflichten nur um der Vielen willen zugemessen sind.

37 Stiglmayr weist darauf hin, dass schon Clemens von Alexandrien (Strom. 4, 25 und 7, 2) die Grundzüge zum christlichen Bild jener großartigen Verkettung aller Dinge entworfen habe, wie sie – aus Gott und dem Logos ausgehend – in abgestufter Ordnung einander folgen und die von oben empfangenen Kräfte weiterleiten.

38 Vgl. Proklos: »Soweit es die Eigenart jedes Dinges gestattet, genießen die teilnehmenden Wesen bis zu den letzten Gliedern hinab Anteil am Ganzen.« in *Parmen. 874* oder *Theol. c. 36*: »Von allem, was durch A u s s t r a h l u n g verwandelt wird, ist immer das Erste vollkommener als das Zweite … das Zweite schon entfernter vom Verursachenden als das Erste und so auf ähnliche Weise fort. Was dem Ursächlichen näher und verwandter ist, strahlt es heller aus, ist also vollkommener. Von allem, was durch H i n w e n d u n g besteht, ist umgekehrt das Erste unvollkommener als das Zweite, das Zweite unvollkommener als das Nächstfolgende, und das Letzte ist das Vollkommenste. Denn die Kette der Hinwendungen ist nach jenem gerichtet, von welchem die Ausstrahlung ausgeht, und das ist das Vollkommenste.«
Wieder wird hier deutlich, wie fest der Stoff, »das System«, die Methoden für Dionysius aus den Neuplatonikern und insbesondere aus Proklos gegeben sind, sogar die Begriffe. Aber erst durch Dionysius wird dieses System dann von Grund auf und »urwesentlich« verändert, (man muss fast in seine Tonart verfallen, um es sagen zu können). Jenes starre Seinsbild ewiger Rangordnungen, unveränderlicher Kräfte, die als Götter um das Eine kreisen – jenes System der ewigen Dauer, ohne Anfang und ohne Ende und ohne Entwicklung und ohne Ziel –, »jenes System, in welchem immer alles kocht und dennoch nie etwas gar wird« – verwandelt sich im Geiste des Dionysius zur Urgestalt des jüdisch-christlichen Schöpfergottes, der aus freiem Willen eine Welt nach seinem Bilde schafft, auch ihr selbst Freiheit gibt und sie dann dennoch in Liebe zusammenhält, indem er ihr den Erlöser sendet.

39 Vgl. hierzu das sehr entscheidende Kapitel 122 der *Theologie* des Proklos, aus welchem hier die wesentlichen Teile mit nur geringen Kürzungen wörtlich wiedergegeben sind. Man kann daraus ersehen, wie getreu Dionysius seinem griechischen Lehrer gefolgt ist und wie er dennoch den pantheistisch-neuplatonischen Ansatz vollkommen ins Christliche umgewandelt hat. Vgl. hierzu auch die »Namen Gottes« IV, 1; X, 1; XII. 1. Da die Ausdrücke hier in der Hierarchie korrekter und bestimmter im Sinne des christlich-jüdischen Schöpfergottes formuliert sind (ins Dasein rufen πρὸς τὸ εἴναι παρᾶγειν usw.) haben manche Kommentatoren vermuten wollen, diese Stelle müsse – als die vollkommenere – auch die später geschriebene sein. Aber ohne Zweifel ist die »Hierarchie« im Gegenteil vor den »Namen Gottes« verfasst worden, und so müssen auch jene freieren Ausdrücke dort jedenfalls nur gemäß dem bestimmteren christlichen Sinn der hier entwickelten Grundthese verstanden werden.

40 Diese Abstufung der Teilnahme am Göttlichen findet sich auch bei Proklos *Inst. theol.* Kap. 102. Hier die wesentlichen Stellen daraus:

»Alles Seiende ist begrenzt und unbegrenzt zugleich, denn Eigenschaften sind zugleich auch Grenzen. Alles Lebende bewegt sich nur durch das Urleben, das sich ihm mitteilte. Alles Erkennende erkennt nur durch den Urgeist, der sich ihm offenbarte … So teilt das Urseiende allem Seienden zugleich Grenze und Grenzenlosigkeit mit, da es aus diesen beiden zuerst gemischt war. Das Urlebende teilt das Leben durch die bei ihm seiende Bewegung mit; denn das Urleben ist ein Ausgang und eine Bewegung von der bleibenden Substanz des Seienden, und der Geist gibt Erkenntnis, denn aller Erkenntnis Gipfel ist im Geist und der Geist ist das erste Erkennende …, so ist in dem Seienden auch Leben und Geist, im Leben auch das Sein und das Denken, und im Geist auch das Sein und das Leben. Aber zuweilen sind Seiende auf geistige Weise, zuweilen auf lebende Weise, zuweilen auf seiende Weise. Denn weil jedes Einzelne entweder der Ursache nach ist, oder der

Substanz nach, oder durch Teilnahme, im Ersten aber das Übrige der Ursache nach ist und im Mittleren das Erste durch Teilnahme und das Dritte der Ursache nach, im Dritten endlich die beiden anderen durch Teilnahme; so umfasst also das Seiende auch das Leben und den Geist: es ist vorausgenommen.«

»Da aber jedes Einzelne durch die Substanz sein Wesensmerkmal erhält und nicht durch die Ursache, denn die Ursache ist auch Ursache von anderen, und auch nicht durch Teilnahme, denn das, an dem es teilhat, hat es von anderswoher –, so ist tatsächlich am Sein wesenhaft Leben und wesenhaft Geist. Im Leben ist das Sein durch Teilnahme und das Denken der Ursache nach, beides aber auf lebende Weise; denn in ihm ist die Substanz. Im Geist ist auch das Leben und die Wesenheit, beides durch Teilnahme und auf geistige Weise.«

»Kurz, das Sein des Geistes ist das Vermögen zu erkennen, und sein Leben ist Erkenntnis.«

41 Vgl. 2 Kor. 3, 18; aber Dionysius wählt lieber die Worte des Proklos in seinem Vergleich des Urlichtes mit der Sonne; deren Spiegel – die Planeten – ihr Bild leuchtend zurückwerfen (vgl. z. B. Proklos in *I Alkib.* 328; 377).

42 Gal. 3, 19.

43 Act. 7, 53.

44 Act. 10, 3.

45 Joh. 1, 18; 1 Tim. 6, 16; 1 Joh. 4, 12.

46 Gen. 3, 8; 18, 1.

47 Hier wird das Wort »theologia« eingeführt, zum Unterschied von dem, was schon wörtlich in der Heiligen Schrift gesagt ist.

48 Der Ausdruck *Theophanie* findet sich in der Heiligen Schrift noch nicht. Deshalb kann *Theologia* hier auch nicht Offenbarung bedeuten (vgl. Stiglmayr).

49 Ex. 31, 18; 41, 1.

50 Gal. 3, 19 (Act. 7, 53).

51 Hebr. 2, 2.

52 Luk. 1, 5 ff., nennt ihn Hiereus, also Priester, denn Hierarch – wie Dionysius an obiger Stelle den Zacharias nennt

– heißt eigentlich Hohepriester. Stiglmayr notiert, dass diese Verwechslung auch bei Chrysostomus vorkommt.

53 Luk. 1, 26.

54 Mt. 1, 19.

55 Luk. 2, 8.

56 Mt. 2, 13.

57 Luk. 22, 43.

58 Jes. 9, 6.

59 Joh. 15, 15.

60 Die göttlichen Reihen (oder göttlichen Legionen): In den älteren Ausgaben steht nach dem Hilduin-Manuskript *Pragmata* statt *Tagmata*, so dass die Übersetzungen sich bald in göttlichen »Aufträgen« ergingen, bald sogar in göttlichen »Geschäften«!

61 »Soweit das Licht der Thearchie überhaupt zugänglich gemacht werden kann«: Also auch der Allmacht gegenüber betont Dionysius demütig die Grenzen des Menschenmöglichen – des für irdisches Menschentum Möglichen.

62 »θεωτικήν τελεταρχιαν«: aus diesem »göttlichen Urvollendungsgrund«. *Teletarchia* ist ein typisch neuplatonischer Ausdruck – wurde im Hilduin-Manuskript eine »Theoretike T.« und bei Scotus Eriugena ein »anschaulicher Urquell«.

63 μυηθέντες also geheimnisvoll eingeweiht (»Myesis – divina doctrina sive arcana«, welche durch göttliche Inspiration offenbart wird, laut Cordier »Ohne Zuhilfenahme eines menschlichen Magisteriums, in abdito mentis – also durch das Sacrificium des Intellekts έν τή κατὰ νούν κρυφιότητι«.) Beziehen sich diese geheimnisvollen Lehren auf Erleuchtungen durch die Heilige Schrift oder auf eine besondere Einweihung, die dem Verfasser persönlich zuteil geworden wäre? Verschiedene Kommentatoren nehmen das letztere an, mit Rücksicht auf Kapitel 3, 2 der »Namen Gottes«, wo tatsächlich von einer solchen Einweihung durch den Apostel Paulus und durch den »hochgefeierten« – sonst gänzlich unbekannten – Priester Hierotheus die Rede ist. Auch der »göttliche Lehrer« des nächsten Paragrafen ist wohl ein Hinweis auf

ihn – und darauf, dass der Verfasser sich tatsächlich für jenen Richter Dionysios vom Aeropag ausgeben wollte, den ersten durch den Apostel Paulus zum Christentum bekehrten Athener, der in Act. 17, 34, erwähnt ist, und der Athens erster Bischof wurde. Aber in den Schriften des Apostels Paulus findet sich kein einziges Wort, das auch nur entfernt die Engel-Triadenlehre des Dionysios rechtfertigen oder erklären könnte. Daher der Hinweis auf jenen Hierotheus.

In Wirklichkeit stoßen wir auf die Triadenlehre bei Proklos (in Tim. 290, und in I. Alk. 377 ff.), der sie dort in seiner bekannten Weise mittels ausführlicher logischer Wortspiele entwickelt. Sie ist eine mit Notwendigkeit sich ergebende Folgerung aus unbeweisbaren Grundbegriffen, welche letztere sich freilich auch schon bei Plotin, Jamblichus und Syrian vorgebildet finden. Sie ist durchaus neuplatonisches Gedankengut, das erst von Dionysius in das Denken der gläubigen christlichen Väter eingeführt wird, seit dem Konzil von 533, und das schließlich, von der Autorität des »ersten Apostelschülers« gedeckt, in den Systemen der Hochscholastik zu Entwicklungen von 3 mal 3 mal 3 mal 3 = 81 Engelordnungen geführt hat.

64 Der Name soll also über das Wesen Aufschluss geben; dies ist ein Grundsatz des Dionysius, den er um so beharrlicher durchzuführen sucht, je weniger Sachliches vorzubringen möglich ist. Diese Methode hatte er bei Proklos gelernt. Indes – außer den logischen Wortspielereien ergeben Namensvergleiche manchmal auch eine sinnbildliche Deutung. Sie decken überdies Reste alter m a g i s c h e r Wortverbindungen und des ihnen zugeschriebenen Zaubers auf, an den eine frühere Menschheit fest geglaubt hat. Auch Origenes hatte in den Namen einzelner Engel – Michael, Gabriel, Raphael – »eine Fülle von Aufschlüssen« entdecken zu können geglaubt (vgl. contra Celsum 1, 25), und vor ihm hatte Philon gemeint, es sei den Therapeuten manchmal gelungen, in Namen wie in einem Spiegel wunderbare Gedanken zu finden.

65 Dionysius beruft sich hier wohl auf Philon, dessen *Onomasticum nominum Hebraeorum* für die Späteren maßgebend wurde. Stiglmayr meint aber weiterhin, dass sich Dionysius durch eine solche (übrigens wiederholt von ihm gebrauchte) Redewendung als des Hebräischen unkundig bekenne und »wahrscheinlich eines jener von Origenes erweiterten Exemplare des *Onomasticum* benützte, die in den griechischen Bibliotheken seiner Zeit häufig zu finden waren. Letztere Vermutung mag wohl stimmen, die erstere teile ich mit Stiglmayr nicht. Dieser um die Forschung so verdienstvolle Gelehrte war es ja selbst, der 1928 und 1932 in *Scholastik Bd. III-VII* die wertvollsten Argumente vorbrachte, um Dionysius als Syrer – und nicht als Athener – zu erkennen, vielleicht als den Patriarchen von Antiochia, Severus, der um 512-519 dieses hohe Amt innehatte und sehr wohl um 482 als Rechtsgelehrter in Athen bei Proklos studiert haben kann.
Der griechische Urtext des Dionysius enthält jedoch auch manche sprachlichen Eigentümlichkeiten, die sich nicht als neuplatonische Schulausdrücke, als bloße Wortwiederholungen und emphatische Tautologien gemäß der bei Proklos erlernten Deduktionsmethoden erklären lassen. Sie sind mehr. Sie sind magischer. Sie sind alte Traditionsreste. Sie sind – in griechischer Sprache – H e b r a i s m e n , und ich wundere mich, dass weder Stiglmayr noch Koch noch andere sehr verdienstvolle Dionysius-Forscher dieses Feld näher untersucht haben. Immerhin bemerkte schon Le Nourry, 1703 – wie in den *Prolegomena* bei Migne, Spalte 53, nachzulesen ist – dass die Beharrlichkeit, mit der Dionysius sich selbst der Unkenntnis des Hebräischen bezichtigt, einigermaßen auffällig sein könnte.

66 Auf die symbolische Bedeutung der »Throne Gottes« hat schon Origenes hingewiesen: »Alle diejenigen, welche das Bild des himmlischen Menschen in sich tragen, sind Throne (Himmel) Gottes« (de orat 22 Ms. gr. 11, 485 C). Ähnlich Makarius d. Gr. hom. 6, 5 (Ms. gr. 34, 521) Notiz Stiglmayrs.

67 Ps. 23, 10.

68 Jes. 63, 1.

69 ὡς μεσοπετεῖς εὐλαβῶς – Stiglmayr übersetzt hier abweichend »nur mit den mittleren Flügeln fliegend«, mit Rücksicht auf kirchliche Hierarchie, cap. IV Mysterium der Myronweihe, wo die zwölf Flügel beschrieben sind.

70 Der Leser möge über solche Häufung von Superlativen nicht weiter staunen. Diese Reinigung der Reinigungen und Weihevollendung der Weihevollendungen, die nur in der Beseitigung der Unwissenheit besteht – also Erleuchtung ist –, war eine neuplatonische Lehre. Der Gedanke, den Geist durch Beseitigung von Unwissenheit »immer reiner« machen zu können, ist von Proklos unermüdlich in nicht endenwollenden Deduktionen wiederholt worden, und es war ein Hauptanliegen des Dionysius, eben diesen Gedanken ins Christliche zu wenden. Auch er wiederholt ihn beständig, nur dass hier dieser Gedanke nicht mehr im Gewand eines glänzenden logischen Spiels mit Begriffen auftritt, sondern die neue Form einer Versenkung in die Heilige Schrift annimmt, und da offenkundig in der Heiligen Schrift nicht viele Belegstellen für solche neuplatonischen Lehren zu finden waren, sich allmählich in fromme Versenkung verliert. Der ursprüngliche Gedanke wird zu einer Art Litanei oder zu einem hymnischen Lobgesang. Auch die byzantinische Kunst jener Jahrhunderte will durch beharrliche Wiederholungen den Gläubigen von jeder anderen Ablenkung »reinigen«, so lange, bis er nichts anderes mehr sehen, nichts anderes mehr denken kann als das Heilige.

71 Stiglmayr weist auf die merkwürdige Übereinstimmung dieser Schilderungen bei Gregor von Nazianz hin, or. 28, 31; 44, 3; 45, 5: Selbst die gleichen Ausdrücke χορεύειν ἐλλάμψεσθαι την καθαρωτάτην ἔλλαμψιν treten in diesen glänzenden Schilderungen auf, welche dieselben Momente umfasst: 1. die Engel, bzw. die obersten Engel sind Lichtnaturen; 2. ihr Licht ist ein Widerschein des Unerschaffenen Lichtes; 3. sie strahlen deshalb am reinsten; 4. sie stehen Gott zunächst; 5. sie umkreisen ihn in Jubelreigen; 6. sie entsenden ihr Licht auf tieferstehende

Geister, unter Verminderung der Lichtstärke, so wie es der Natur und Rangordnung der tieferen Engel entspricht. Cyrill v. Alexandrien übernimmt diese Züge zum Teil (de. ador. in Spir. IX, M. 68, 604 B). Andererseits vgl. bei Proklos (in I Alcib. 325 ff.) die Schilderung der drei τᾶξεις ἐρωτικαὶ. Auch er lässt sie einen entzückten Reigen um den überwallenden Quell göttlicher Schönheit aufführen. Er versetzt sie in das Dunkel der höchsten Gottnähe, er legt ihnen die Aufgabe bei, das unmittelbar von dort empfangene Licht nach unten weiterzuleiten und die damit erfüllten Seelen emporzuführen. Indes schon Platon (Phaidr. 230 B) spricht vom *mystischen Reigen der Seelen um das Urschöne*, und Philon und Plotin gebrauchen das gleiche Bild von der höheren Erkenntnis. Origenes ist auch hierin Platoniker.

72 Apok. 1, 15.

73 Ez. 3, 12.

74 Jes. 6, 3.

75 In der Heiligen Schrift finden sich die hier gebrauchten Ausdrücke τόποι τής θεαρχικής καταπαύσεως nirgends. Stiglmayr meint, dass man »höchstens an Ps. 10,5; 75,3; Jes. 18,4, und andere sinnverwandte Stellen denken könnte, welche eine Übertragung auf die Engel zulassen«.

76 Athanasius (or. super Mt. 11,27, Ms. gr. 25, 217 D) verwertet als erster das Trishagion in dieser von Gregor von Nazianz gerühmten und von Dionysius übernommenen Deutung – als Spiegelung der Heiligen Dreifaltigkeit in den drei Ordnungen der Hierarchie. Die Kirche und mit ihr die ganze Schöpfung wiederholt die Einheit Gottes in drei Manifestationen. Der dreimalige Ausruf des »Heilig« soll die drei göttlichen Personen bezeichnen und das einmalige »Herr« die eine Wesenheit offenbaren. Freilich findet sich die dreimalige Wiederholung des »Heilig« – ohne solche Deutung – bereits in den Anrufungen und Gebeten des Alten Testaments, aber – wie schon in den *adnotationes Cordiers* zu dieser Stelle zu lesen ist: »Pauca sunt in antiquo testamanto de SS. Trinitate testimonia.« Um so wichtiger wurde das eigentliche Anliegen des Dionysius,

diese alten dreifachen Anrufe des einig-einzigen Gottes aus der jüdischen Liturgie als Künder der christlichen zu deuten und die Trishagion-Theorie des Athanasius (dreimal *Sanctus* und neunmal *Kyrie eleison*) nicht nur mit der Trias- und Enneaden-Theorie Plotins zu verbinden, sondern auch in allen seinen eigenen logischen – und etymologischen – Ableitungen durchzuführen: Als Erschaffung sichtbarer Materie aus der unsichtbaren und unfassbaren Energie des einzig-einigen Geistes, vermittelt durch das Wesen-erzeugende Wort.

77 Stiglmayr meint hier mit Recht: »Die betäubende Fülle von Synonymen und Tautologien, deren sich Dionysius besonders in der Beschreibung dieser und der zwei folgenden Chöre bedient, verrät, dass er in früheren Quellen nichts Greifbares hierüber gefunden hat.« Die Schwierigkeit rührt daher, dass hier – der Triaden-Einteilung zuliebe – Eigenschaftsworte als Engelwesen gedeutet werden sollen. Gregor der Große versuchte, im Anschluss an Dionysius ebenfalls aus diesen Namen eine Charakteristik zu schöpfen. »Aber er zieht konkretere Momente herbei.« So erklärt er, der Name *Dominationes* zeige, dass diesem »Wesen der Herrschaft« alle anderen tieferen Engelchöre unterstellt sind. Den Namen *Virtutes* bezieht er auf die großen Wunder und Zeichen, welche durch die »Mächte« benannte Engel-Klasse geschehen; und den *Potestates* schreibt er die besondere »Gewalt« zu, die bösen Geister zurückzudrängen, damit diese die Menschen nicht so heftig in Versuchung führen (hom. 34). Die von Dionysius eigens betonte »Tyrannenähnlichkeit« der Herrschaften (κυριότητες τυῤῥανικαὶ ἀνομοιότητες) ist ein von Proklos direkt beeinflusstes Bild.

Für jede Übertragung ins Deutsche bildet diese atemberaubende Häufung eine besondere Schwierigkeit; denn die griechische Sprache ist biegsamer. Der Leser möge es daher nicht dem Dionysius vorwerfen, wenn er in deutscher Sprache hier verwirrt wird, denn alle diese logischen Ableitungen sollen nur ein Spiegel der Trias sein; sie abstrahieren jedes Mal dreifach. Dazu die aus hebräischen Vorbildern übernommene Methode, solche dreifachen Ableitungen jedes Mal aus derselben Stammsilbe zu gewinnen. Das ist in deutscher Sprache schwer nachzuzeichnen, und es möge nicht dem Vorbild zugeschrieben werden, was ihm sämtliche Übertragungen, einschließlich der lateinischen, schuldig bleiben mussten. Das einzige Mittel ist oft, die verwirrende Kette zu unterbrechen und das kunstvolle griechische Satzgebilde in mehrere Einzelsätze aufzulösen. Die Pyramiden der Eigenschaftsworte und zusammengesetzten Allgemeinbegriffe aus gleichen Wurzeln ist oft nur durch Umschreibungen wiederzugeben.

78 Auch Stiglmayr notiert hier das »Spielen mit der *figura etymologika*« – jedoch ohne auf die hebräische Herkunft solchen Spieles hinzuweisen, wohl weil er dies aus den verschiedenen Verdeutschungen des Alten Testaments ohnehin für bekannt voraussetzt. Es ist aber vielleicht nicht überflüssig, den U n t e r s c h i e d aufzudecken. Dort der Aufbau des Zahlengebäudes, dessen Buchstaben (Ziffern) überall den Geheimschlüssel »Gott ist einzig« ergeben soll, hier das Bestreben, auch im Auseinanderfallen eines Wortes das neunfache Geheimnis der heiligen Trias nachzubilden (δυνἀμεις, δυνατῶς, δυναμοποιὸς, δύναμις, δυναμοειδης, ἂρχιδύναμος, δυνατῶς, δυναμοδότως αδύνατον).

79 Auch schon den frühen Kommentatoren ist aufgefallen, dass Dionysius – »der doch sonst eine unverrückbare Stufenordnung als Norm für die Prozesse der gegenseitigen Einwirkung der Engelordnungen voraussetzt« – die Zusammenstellung dieser mittleren Triade, die er hier gibt, nicht konsequent festhält: Die »Herrschaften« und »Mächte« einerseits, die »Gewalten« und »Mächte« andererseits, tauschen abwechselnd ihre Rangstufen (vgl. cap. VI, 2; VIII, 1; IX, 2; XI, 1). Dante lässt den heiligen Dionysius beim Eintritt Gregors des Großen in den Himmel lächeln, weil dieser nicht die von Dionysius aufgestellte Ordnung beibehalten habe (Paradiso 28, 130-139). Aber ist es nicht vielleicht aufschlussreich für dieses mystische

Bild der heiligen Trias, dass gerade in der mittleren Ordnung die vierte, fünfte und sechste von den neun Reihen abwechselnd ihre Plätze tauschen müssen, wie in einem »von Gott wohlgeordneten« Reigen?

80 Zachar. 1, 12.
81 Ez. 10, 1.
82 Ez. 9, 1-6.
83 Dan. 9, 23.
84 Ez. 10, 1.
85 Ez. 10, 7.
86 Dan. 8, 16.
87 Hier ist vielleicht auch der Ort, auf die Triaden-Einteilung des ganzen Werkes hinzuweisen, das uns Dionysius hinterlassen hat. Der himmlischen entspricht die kirchlich-irdische Hierarchie. Aber die »Namen Gottes« nehmen eigentlich den mittleren Raum ein, sie sind der zentrale Haltestein des Gebäudes. Die *Himmlische Hierarchie* selbst setzt sich aus fünfzehn Kapiteln zusammen: 1, 2, 3 sind den Methoden und Definitionen gewidmet, 4, 5, 6 der Einteilung, 7, 8, 9 endlich, als die Kapitel der Mitte, dem eigentlichen Entfalten der Engel-Trias. Dann folgen wieder 10, 11, 12 neuerliche Erklärungen, und endlich in 13, 14, 15 jene Beschreibungen der Einzelheiten, die ebenso konkret sind wie 1-3 abstrakt waren.
88 In dieser dritten »Ordnung des Überganges« soll also gemäß der Triadenlehre des Dionysius das unendliche und nur durch Tautologien nennbare Abstraktum geistige Brücken schlagen und sinnliche Gleichnisse für ein Auftauchen in unserer endlichen Menschenwelt finden.
89 ἀρχαὶ ist, wie die drei vorangehenden es waren, ein Abstraktum. ἐν ἀρχῄ würde »im Anfang« bedeuten. Archetypus heißt Urtypus, Archi-episcopus Erzbischof. Aber Archonten sind oberste Verwaltungsdirektoren, Pentarchie heißt Fünferherrschaft und Hierarchie heißt heilige Ordnung. Da nun Archonten im Lateinischen mit *Principes* wiedergegeben werden – und Archai mit *Principatus* –, und da man *Princeps* in deutscher Sprache mit dem Wort Fürst wiedergab, so wurde aus den αρχαῖς – den

Anfängen, Grundlagen oder Ausgangsformen – Fürstentümer.

90 Wieder musste in solcher »Erklärung« die Stammsilbe (S. 265 Nr. 3) neunmal aufscheinen.

91 Dieses hohe Spiel einer Ableitung der Trias aus dem Einen, der Himmelsordnung aus der Trias, der Weltordnung aus der Geistesordnung, des irdisch Sichtbaren aus dem Göttlichen und der christlichen Schöpfung aus dem Logos – das ist in deutscher Sprache leider nicht nachzubilden. Und zwar aus Gründen der theologischen Überlieferung und der Übersetzungstradition, die beide nicht ohne Spuren dieser geschilderten lateinischen Umdeutung geblieben sind. Wortwurzeln und ihre Ableitungen bedeuten hier nicht dasselbe wie im Griechischen und weisen unsere Sprache und unser Denken nicht in die gleiche Richtung, verleihen ihr auch nicht die gleiche Biegsamkeit. So wird »Taxis« überlieferungsgemäß mit Ordnung übersetzt, Hierarchie mit Heilsordnung und »Eukosmia« auch oft, so wie gerade hier, mit Wohlgeordnetheit oder Ordnungsschönheit des Alls. (Lateinisch viel richtiger: »Decorum«.) Archai wird abwechselnd mit Ur-, Erz-, Grund-, Anfang-, Prinzip-, Fürst- und Herrschaft wiedergegeben, wegen des lateinischen Wortspieles principium-, princeps-, principaliter. Darum kann sich der einzelne Übersetzer schlecht dagegen wehren, dass den Worten, wie immer er sie auch deutsch wählen mag, überlieferungsgemäß ein anderer Sinn unterlegt werde als der von Dionysius gemeinte. Daher sei hier nochmals erinnert: Es handelt sich bei diesem großartigen Gebäude, das in deutscher Sprache so leer und tautologisch klingt, nicht um ein Spielen mit Tautologien. Es handelt sich tatsächlich um so etwas wie die Erschaffung der Welt, um die Ableitung der Materie aus dem Geist, gemäß der griechischen Lehre vom Einen, der jüdischen Lehre vom Einzigen, der christlichen Lehre – des sich durch die Trias den Menschen schenkenden Gottes – des reinen Logos, der Fleisch geworden ist.

92 Dan. 10, 21.

93 Dtn. 32, 8.

94 Os. 4, 6.
95 Jer. 7, 24.
96 Diese Definition des »Dunklen« als des zu starken Lichtes, für dessen Aufnahme wir eines hierarchischen Mittlers bedürfen, um es mit unseren schwachen Sinnen überhaupt in uns aufnehmen zu können, sonst bleibt es dunkel für uns, das ist die grundlegende Erklärung des Dionysius für seine gesamte Theorie des Geheimen, Mystischen – ein Wort, das er so gern im Sinne des »Höheren« verwendet.
97 In den Scholien S. Maximi zur Himmlischen Hierarchie des Dionysius findet sich die Notiz, dass diese Stelle – der Vergleich des aus dem See der Unkenntnis zum Licht auftauchenden Gläubigen – als Argument verwendet worden sei, um die Echtheit der Schriften des Dionysius zu beweisen. Vgl. auch die Stellen bei Gregor von Nazianz in or. 38, 7, und 45, 3.
98 Gen. 14, 18; Hebr. 7, 8.
99 Gen. 41, 1-7, 17-24.
100 Dan. 2, 31-35; 4, 7-14.
101 Gen. 41, 25-32, Dan. 2, 36-45; 17-23.
102 Dan. 10, 3.
103 Dtn. 32, 9.
104 Im Original steht: πρεσβύτατη, die allerälteste. Schon die frühesten Kommentatoren erklärten οὐ κατὰ χρόνον, ἀλλὰ κατὰ τάξιν – nicht die ältesten nach der Zeit, sondern die ersten im Sinne der Ordnung. So bereits Pachymeres. Stiglmayr übersetzte einfach: »die vornehmste«.
105 Ich glaube, wir sollten uns entschließen, zum Unterschiede der diversen αρχίας τάξεις usw. hier εὐκοσμία so zu übersetzen.
106 Jes. 6, 3.
107 Nämlich wie Dionysius im gleich folgenden Kapitel ausführt, durch die weitere Dreiheit von Wesen, Macht und Wirksamkeit.
108 Für diese Auffassung findet Dionysius allerdings nicht, wie für alles bisherige, eine Bibelstelle als Beleg. Dieser Gedanke – die Dreiteilung der menschlichen Seele – kommt von Proklos; und der hat es von Plotin. Vgl.

Ennead. I, 8, 17: »Die Seele hat oberste, mittlere und unterste Kräfte.«

109 Dan. 3, 6.

110 Es handelt sich also, nach Dionysius, um Homonyme.

111 Zachar. 2, 7. ἱερεύς ἄγγελος, wobei Dionysius sehr eigenwillig Hiereus mit Hierarch und Hierarch mit Bischof gleichsetzt.

112 Nicht fehl am Platz, οὐκ ἄτοπον, was Erigena mit »absurdum« wiedergab.

113 Wie hätte auch der jüdische Prophet Zacharias seine Vision vom Priestertum der Gestalt eines christlichen Bischofs angleichen sollen? Aber dieser Vergleich – sowie die Gleichsetzung von Hohepriester und Bischof – dient den Bemühungen des Dionysius ebenfalls zur festeren Begründung seiner Engellehre, zur engeren Verschmelzung des Alten Testamentes mit dem christlichen Glauben an die heilige Trias und mit der griechischen Triadenlehre – endlich zur Gleichsetzung des einstigen griechischen Hierarchen und Mysterienpriesters mit dem alttestamentarischen Hohepriesteramt und zugleich mit der Sendung und Würde christlicher Hierarchen, Exarchen, Patriarchen, also mit dem Bischof und Verkünder (Angelos) des dreieinig einzigen Gottes.

114 Für Moses: Ex. 7, 1; für die Richter: Ex 22, 8.

115 Jes. 6, 6. Aber warum σεραφιμ in allen Lesarten? Eine Form, über die sich mit Recht schon der Heilige Maximus in seinem Kommentar durch etliche Ausrufungszeichen entsetzt hat. Das zeigt allerdings, dass Dionysius kein Hebräisch verstand – oder sich hatte stellen wollen, als sei er ein Grieche und verstünde es nicht. Die Endung »im« zeigt in allen semitischen Sprachen, so wie Elohim, so wie im Arabischen Muslim, die M e h r z a h l an (Einzahl: Moslem). Auch die Übersetzung der Septuaginta kennt nur »einen von den Seraphim« oder einen Seraph.

116 Bemerkenswert ist die hier von Dionysius gebrauchte Wortform »Hypophotes« an Stelle von »Prophet«. Eusebius nannte Konstantin d. Gr. einen Hypopheten (de laude, Const. C. 10), und ursprünglich hießen die griechischen

Orakeldeuter so. Also ein vielleicht gewollter »Graecismus« Stiglmayr vermutet »durch das Ungewöhnliche des Ausdruckes habe Dionysius Eindruck machen« wollen. »Merkwürdigerweise treten auch sonst viele Ähnlichkeiten zwischen dieser Lobrede des Eusebius, welche ein aus Christen und Heiden gemischtes Lesepublikum voraussetzt, und der Schreibweise des ›eirenischen‹ Dionysius hervor.«

117 Es folgt – mit fast denselben Worten, nach Art frommer Litaneien – eine weitere nochmals wiederholende Ausmalung der schon in Kapitel VII-IX beschriebenen Himmelsordnungen.
Diese Wiederholungen und die ihr bald folgende drittmalige Schilderung – mit fast denselben Worten – bilden zusammen nicht nur eine neuerliche Trias, sondern sollen auch die Bedeutung jenes Prophetentraumes des Jesaias für die Himmlische Hierarchie zeigen. Diese Vision ist eines der wichtigsten Mittel zur Hineindeutung der christlichen Dreifaltigkeitslehre in das Alte Testament.

118 Stiglmayr meint hierzu: »Die eine wie die andere Lösung erscheint als eine erkünstelte Interpretation des klaren Schriftwortes. Dionysius kann freilich von seinem Triadensystem und seiner Grundidee aus, dass nur die untersten Engel direkt mit den Menschen verkehren, sich nicht besser behelfen. Die mittelalterlichen Theologen befassen sich alle mit der gleichen Stelle, ohne sich jedoch gänzlich an Dionysius anzuschließen. Die Hauptschwierigkeit gegen Dionysius liegt in den Worten des Hebräerbriefes 1, 14: *Nonne omnes sunt administratorii spiritus in ministerium missi etc.* Keiner von den heiligen Vätern vor Dionysius hat eine solche Umdeutung des heiligen Textes gewagt.«

119 Dan. 7, 10.

120 Vgl. die Unterscheidung des einfachen *assistere* bei Thomas von Aquin, siehe auch die vorhergehende Anmerkung zu Kapitel XIII.

121 In Mignes *Patrologie* findet sich wunderlicherweise der Kommentar Cordiers zu diesem § 1 des Kapitels XV irrtümlich beim Kapitel XIII als zum dortigen § 1 gehörend

eingeschaltet. Es sind zumindest Erklärungen, die – wie mir scheint – doch eher auf diese Textstelle des Kapitels XV bezogen werden könnten als auf jene. Aber seit 1634 bis heute mag das niemand angemerkt haben.

122 Dan. 7, 9.

123 Ez. 1, 13.

124 Mt. 28, 3.

125 Ez. 10, 2, 6, 7.

126 Dan. 7, 10.

127 πυρινούς aus Feuer gemacht: Dionysius spricht also hier von ihnen wie von Gegenständen oder Symbolen und nicht wie von den obersten Engeln über den Seraphim.

128 Is. 6, 6.

129 Hebr. 10.

130 Die Neuplatoniker stellen das Feuer unter den vier Elementen an die höchste Stelle und preisen es in ähnlichen Worten (vgl. Plotin Ennead. 1, 6, 3). Stiglmayr weist auch darauf hin, dass Isidor v. Pel., Epp. 4, 66, ebenfalls die Frage stellt und beantwortet, »warum alle göttlichen Dinge mit dem Namen des Feuers bezeichnet werden«. Dionysius scheint dessen Andeutungen zum Ausgangspunkt seiner Studien genommen zu haben.

131 Hier ist vielleicht der Ort über einen der Lieblingsausdrücke des Dionysius: ἐλλάμψεις – Erleuchtungen – einiges zu vermerken. In seiner lateinischen Form »illuminatio« wurde dieses Wort berühmt und zu einem Fachausdruck der Scholastik. Der Begriff stammt von den Neuplatonikern. Origenes hat ihn aufgegriffen und bereits Gregor von Nazianz brauchte ihn in der von Dionysius bevorzugten Bedeutung, nämlich für sekundäre Lichteinstrahlungen der oberen Engel in die unteren (Or. 28, 31). Ihren christlich-mystischen Sinn einer Geheimstes offenbarenden Erleuchtung durch einen göttlichen Mittler (also ein menschlich Fassbarmachen von Unfassbarem) verdanken wir dennoch der ehrfürchtigen Verbreitung, welche die Schriften des Dionysius einst in der Christenheit gefunden haben.

132 ἀπαθῶς, der griechische Ausdruck für »sachlich«.
133 ἐπιποίας, Inspirationes im Gegensatz zu Illuminatio.
134 τρόφιμοι ὀχετοὶ »rivala deliciosa« – Kanäle der köstlichen Zuflüsse: In den Scholien S. Maximi steht zu dieser Stelle, *ocheton* bedeute das Flüssigmachen unübertrefflicher Weisheit, nach jenem Schriftwort: »Ich habe meinen Geist in alles Fleisch ergossen« (Joel 2, 28).
135 Dan. 14, 35, Ps. 90, 4.
136 Ez. 1, 18.
137 Ez. 1, 14.
138 Is. 6, 2.
139 Gen. 18, 4; 19, 2.
140 Luk. 24, 4; Ez. 1, 4, 13, 27; Dan. 10, 6.
141 Apok. 1, 3.
142 Apok. 15, 6.
143 Ez. 19, 11; Judic. 6, 21.
144 2 Makk. 5, 2, 3.
145 Ez. 11 f., Zach. 2, Apok. 21.
146 Dan. 10, 25.
147 Es ist hier nicht etwa die »Mystische Theologie« des Dionysius gemeint, sondern ein Werk, das nicht auf uns gekommen ist, falls es überhaupt je geschrieben wurde.
148 Joh. 3, 8. Stiglmayr bemerkt, dass man in der Heiligen Schrift eine direkte Bezeichnung der Engel als Winde nicht finden könne, es sei denn, man verstünde Ps. 103, 4 und etwa Ps. 103, 3, »ambulas super pennas ventorum« in diesem Sinne.
149 Is. 5, 6.
150 Stiglmayr: Den kühnen Tropus (S. 268 Nr. 31) (nubium partus) s. bei Theodoret, de prov. Dei (Ms. gr. 83, 984).
151 Ez. 1, 4.
152 Ez. 1, 7; 8, 2; Dan. 10, 5, 6; Apok. 1, 15.
153 Ez. 28, 13; Apok. 15, 6.
154 Ez. 1, 10; Apok. 4, 7.
155 Ez. 1, 10; Apok. 4, 7.
156 Apok. 6, 2.
157 Zu diesem Satz schweigen die Kommentatoren. Stiglmayr meint, diese kurzen Termini ἐπιστρεπτικῶς und

προνοητικῶς würden »nur im Lichte der Gesamtanschauung des Dionysius verständlich. Doch wir wissen alle, welch seltsamer Schicksalsgefährte des Menschen ein Pferd sein kann. Anders als jedes andere Haustier dient es nicht, sondern begleitet, stets antwortend auf unsere Fragen, und verbindet dabei fortwährend »erstes mit zweitem, zweites mit erstem«, in jäher, meist überraschender Weise, freundlich, vorsorgend, treu – und doch oft scheu, nie zu berechnen, zuweilen nur dem Beistand Gottes vergleichbar. Und an allem ist immer nur der Reiter schuld.

158 Diese Methode mystischer Deutungen von Geistigem aus den sinnlichsten Dingen gemäß »unähnlichen Ähnlichkeiten« – d. h. Ähnlichkeiten aus verschiedenen Dimensionen der Schöpfung – fanden manche Kommentatoren des Dionysius wenig originell im Vergleich zu seiner tiefsinnigen Triaden- und Hierarchienlehre. So auch noch Stiglmayr. Ich habe den Eindruck, diese Forscher dachten zu gering über das Hauptanliegen des Dionysius: Gegenüber einer Flut von Wundermännern aus Asien das Christentum nicht aus Wundern, sondern als einen geistigen Glauben zu begründen, in welchem wirklich Christus allein der Erlöser, der zündende Blitz, der Lichtbringer sein sollte, der den Einig-Einzig-Ewig-Unsichtbaren Gott ins Sichtbare erhebt. »Wenn Du von Bildern und Wundern sprichst, so vergiss deshalb nie, dass dies bloß Gleichnisse sind – denn die Wirklichkeit ist noch viel wunderbarer« – das war die Geheimlehre dieses Monophysiten.

159 Eccl. 24, 40; Dan. 7, 10.

160 Dieser Satz fehlt bei Stiglmayr.

161 Ez. 1, 15; 10, 2; 4. Reg. 2, 11, 6, 17.

162 Luk. 15, 10.

LITERATURHINWEISE:

Beierwaltes, Werner – Platonismus und Idealismus, Frankfurt 1972
ders. – Proklos, Frankfurt 1979
Clausner, Johannes – Der Herr ist mein Hirte, Amerang 2010
ders. – Die Heilkraft der Gebete, Grafing 2007
ders. – Liebe den Tag, Grafing 2008
Kaltenbrunner, Gerd-Klaus – Dionysius vom Areopag, Zug 1996
Koch, Hugo – Proklus als Quelle des Pseudo-Dionysius Areopagita in der Lehre vom Bösen, Philologus 54, 1895, S.438-454
Suchla, Beate Regina – Dionysius Areopagita, Freiburg 2008
Stiglmayr, Josef – Der Neuplatoniker Proklos als Vorlage des sogenannten Dionysius Areopagita in der Lehre vom Übel, Historisches Jahrbuch XVI, 1895, S.253-273 u. 721-748

Joanna Maria Otto
Quantenphysik und Meister Eckhart
Die mystische Dimension der Naturwissenschaft

Die Vorstellung einer „unio mystica", einer großen Einheitserfahrung, stand im Zentrum der mittelalterlichen Mystik. Vielleicht war es ihren größten Repräsentanten vergönnt, diese EINHEIT DES LEBENS tatsächlich zu erschauen.

Meister Eckhart steht in der Reihe wichtiger Namen ganz oben. Seine Innenschau, deren Einsichten er teilweise nur durch eine Sprache „mystischer Paradoxa" auszudrücken vermochte, bietet heute möglicherweise einen Schlüssel, um die außergewöhnlichen Phänomene zu verstehen, die in der modernen Quantenphysik auftreten.

Ein neuer, ganzheitlicher Zugang, um die mögliche Verbindung in den tiefsten Erkenntnissen von Mystik und Physik aufzuzeigen.

ISBN: 978-3-86191-105-0

Weitere Titel aus dem Crotona Verlag

Evelyn Elsaesser
Nachtod-Kontakte
Spontane Begegnungen mit Verstorbenen
Mit einem Vorwort von Pim van Lommel

In den letzten zwanzig Jahren haben die sogenannten „Nahtod-Erfahrungen“ im Bewusstsein einer breiten Öffentlichkeit große Anerkennung gefunden. Sie haben bei vielen Menschen die Gewissheit verstärkt, dass es ein Leben nach dem Ablegen der physischen Hülle gibt. Noch weitgehend unerforscht ist dagegen das Phänomen der „Nachtod-Kontakte“, in dem es um das spontane Auftreten von meist erst vor Kurzem verstorbenen Freunden oder Angehörigen geht. Evelyn Elsaesser gilt als eine der profiliertesten Forscherinnen auf diesem Feld und legt hier die erste umfassende Studie zu einem noch kaum untersuchten Gebiet der modernen Sterbeforschung vor.
Das Buch liefert nicht nur eine Reihe von faszinierenden Erfahrungen aus erster Hand, sondern lässt auch wissenschaftliche Stimmen zu Wort kommen, die durchaus kritisch ausfallen können.
Eine faszinierende Studie zu einem der ungewöhnlichsten Phänomene der Gegenwart!

ISBN: 978-3-86191-113-5

Eckard Wolz-Gottwald

Meister Eckhart

Der Weg zur Gottesgeburt im Menschen

Meister Eckhart war nicht nur die prägende Gestalt der Mystik im Mittelalter, er wird mehr und mehr auch zu einem „Seelenführer“ für die Gegenwart.

Mit seiner Vorstellung vom „göttlichen Seelenfunken“ im Menschen lieferte Meister Eckhart die Grundlage, um die verborgene Anwesenheit des Göttlichen im Menschen verstehbar zu machen. In diesem Wesenskern liegt die unvergängliche Essenz des Menschen, die ihn wahrhaft zu einem Sohn oder einer Tochter des Allerhöchsten macht.

Dr. Wolz-Gottwald holt diese wegweisende Botschaft Eckharts aus dem mittelalterlichen Denken in die Gegenwart, um ihn wieder zu jenem „Lebemeister“ zu machen, als der er im Mittelalter galt. Als ein „Meister des Lebens“, als ein spiritueller Mentor für ein erfülltes Leben im Angesicht Gottes.

Ein wahrhaft erhellendes Buch, das die mystische Erfahrung wieder dorthin stellt, wo sie hingehört – in die Mitte der Gesellschaft!

ISBN: 978-3-86191-096-1